DICCIONARIOS VISUALES ALTEA

DICCIONARIO
VISUAL ALTEA *del*
CUERPO
HUMANO

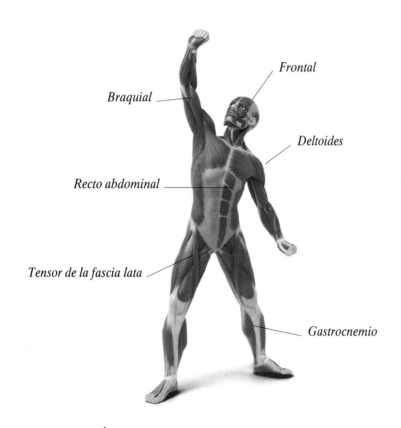

Frontal

Braquial

Deltoides

Recto abdominal

Tensor de la fascia lata

Gastrocnemio

MÚSCULOS SUPERFICIALES DEL ESQUELETO

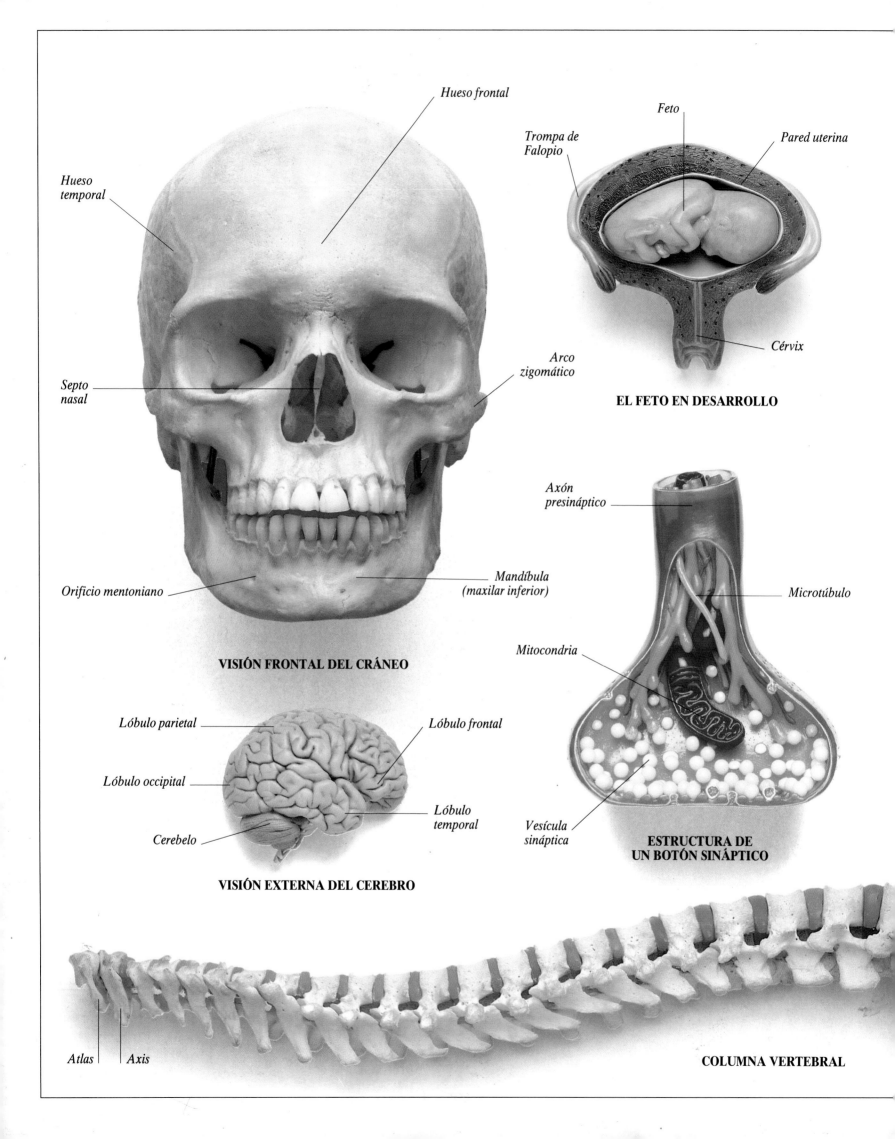

Hueso frontal

Feto

Trompa de Falopio

Pared uterina

Hueso temporal

Septo nasal

Arco zigomático

Cérvix

EL FETO EN DESARROLLO

Orificio mentoniano

Mandíbula (maxilar inferior)

VISIÓN FRONTAL DEL CRÁNEO

Axón presináptico

Microtúbulo

Lóbulo parietal

Lóbulo frontal

Mitocondria

Lóbulo occipital

Lóbulo temporal

Cerebelo

Vesícula sináptica

ESTRUCTURA DE UN BOTÓN SINÁPTICO

VISIÓN EXTERNA DEL CEREBRO

Atlas

Axis

COLUMNA VERTEBRAL

DICCIONARIO
VISUAL ALTEA *del*
CUERPO
HUMANO

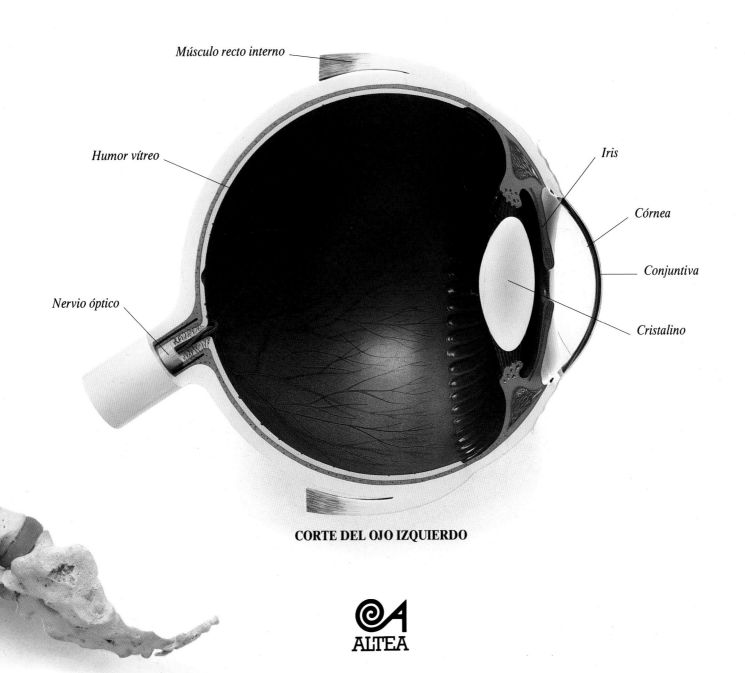

Músculo recto interno

Humor vítreo

Iris

Córnea

Conjuntiva

Cristalino

Nervio óptico

CORTE DEL OJO IZQUIERDO

ALTEA

Consejo editorial:

Londres:
Peter Kindersley, Bryn Walls, Duncan Brown,
Simone End, Nicki Liddiard, Mary Lindsay,
Richard Cummis, FRCS, Dr. Fiona Payne,
Dr. Frances Williams, Paul Wilkinson, Chez Picthall,
Ruth Midgley, Peter Chadwick, Geoff Dann, Dave King,
Hilary Stephens.

Madrid:
María Puncel, Juan José Vázquez.

Modelos anatómicos de Somso Modelle, Coburgo, Alemania.

Traducido por el Dr. José Manuel Vidal Secanell.

Título original: *The visual dictionary of the human body.*

Publicado originalmente en Gran Bretaña en 1991
por Dorling Kindersley Limited, 9 Henrietta Street,
London WC2E 8PS.

3.ª reimpresión: Septiembre 1994.

Vena cava superior — *Aorta*

Ventrículo derecho — *Ventrículo izquierdo*

SISTEMA CIRCULATORIO DEL CORAZÓN Y DE LOS PULMONES

© 1991 by Dorling Kindersly Limited, London.
© 1992, Santillana, S. A.
Elfo, 32. 28027 Madrid.
Aguilar, Altea, Taurus, Alfaguara, S. A.
Beazley, 3860. 1437 Buenos Aires
Aguilar, Altea, Taurus, Alfaguara, S. A. de C. V.
Avda. Universidad, 767. Col. Del Valle. México, D.F. C.P. 03100
Editorial Santillana, S. A.
Carrera 13, n.° 63-69, piso 12. Santafé de Bogotá - Colombia
Santillana Publishing Co.
901 W. Walnut Street. Compton, California 90220.
ISBN: 84-372-4528-1.

Sumario

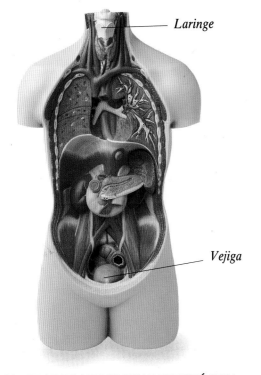

Metatarsiano

HUESOS DEL PIE

Calcáneo

Falange media

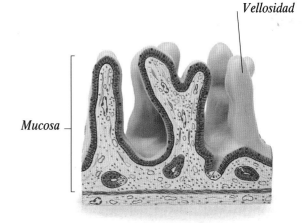

Vellosidad

Mucosa

SUPERFICIE INTERNA DEL YEYUNO

Laringe

Vejiga

**CAVIDADES ABDOMINAL Y TORÁCICA
SIN ALGUNOS DE SUS ÓRGANOS**

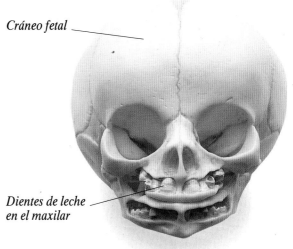

Cráneo fetal

*Dientes de leche
en el maxilar*

**DESARROLLO DE LOS
DIENTES EN EL FETO**

Médula

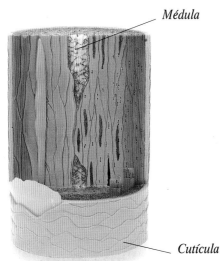

Cutícula

SECCIÓN DE UN CABELLO

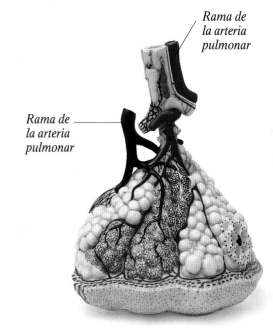

*Rama de
la arteria
pulmonar*

*Rama de
la arteria
pulmonar*

BRONQUIOLO CON EL LOBULILLO

El cuerpo humano

PESE A LAS ENORMES diferencias en el
parecido externo de los seres humanos,
todos los cuerpos contienen los mismos
rasgos básicos. La forma exterior
del cuerpo humano depende del
tamaño del esqueleto, la forma
de los músculos, el grosor de la
capa de grasa que se extiende
bajo la piel, la elasticidad
o flaccidez de la piel y la
edad y sexo del sujeto.

Los hombres tienden a ser
más altos que las mujeres, con
hombros más anchos, más vello
corporal y un patrón de los
depósitos grasos de debajo de
la piel diferente; el cuerpo
de la mujer tiende a ser menos
musculoso y tiene una pelvis
más fina y más ancha para
facilitar la gestación.

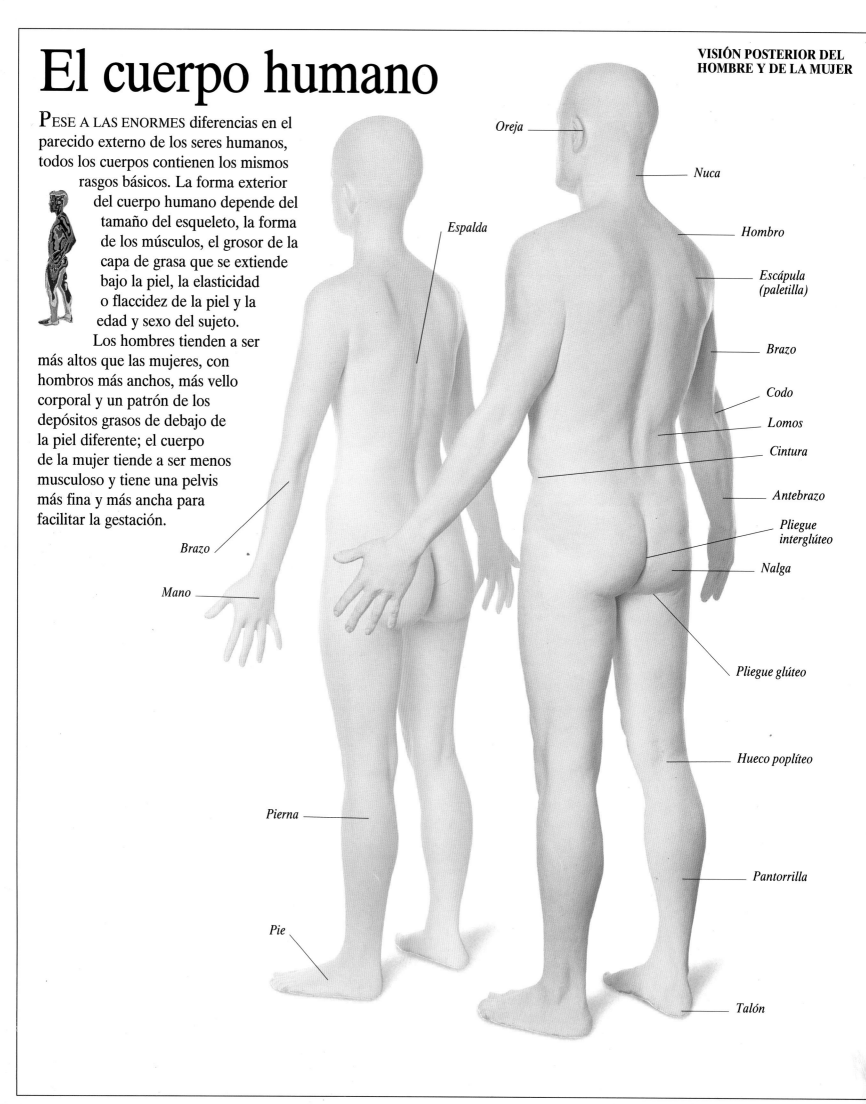

Oreja

Nuca

Espalda

Hombro

Escápula
(paletilla)

Brazo

Codo

Lomos

Cintura

Antebrazo

Pliegue
interglúteo

Nalga

Brazo

Mano

Pliegue glúteo

Hueco poplíteo

Pantorrilla

Pierna

Pie

Talón

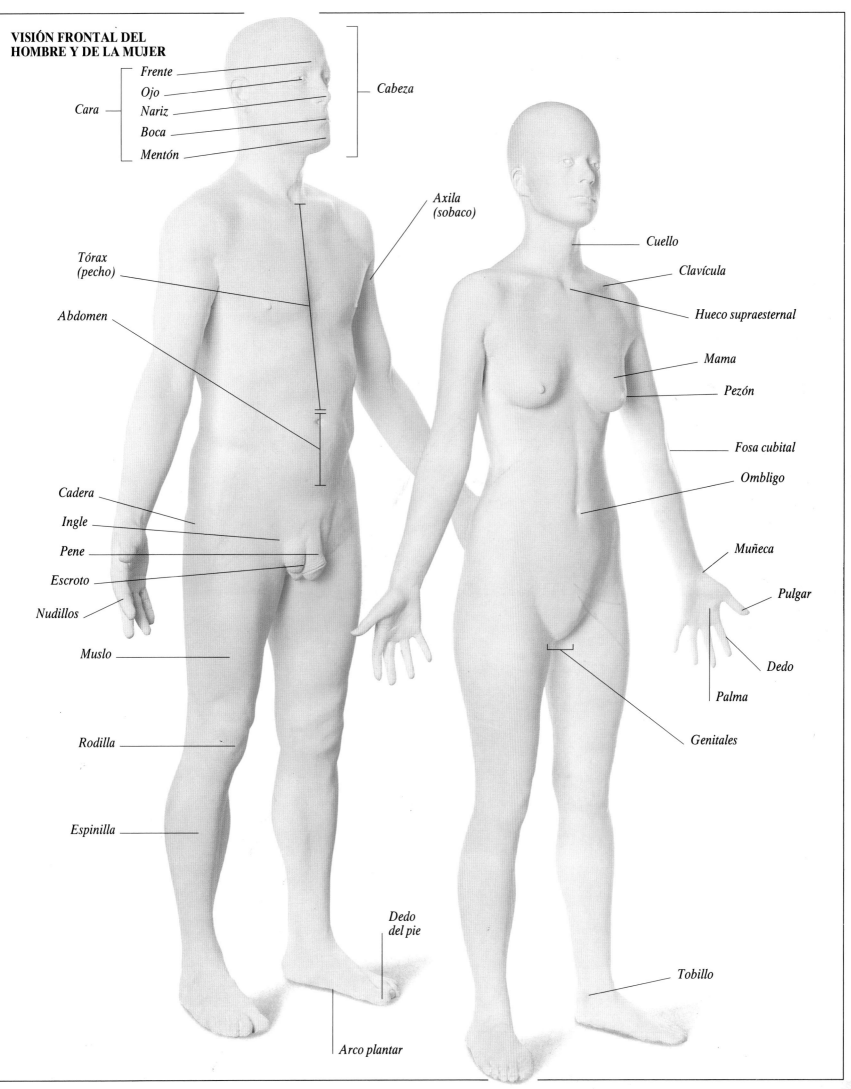

VISIÓN FRONTAL DEL HOMBRE Y DE LA MUJER

Frente

Ojo

Cara

Nariz

Boca

Mentón

Cabeza

Axila (sobaco)

Tórax (pecho)

Abdomen

Cuello

Clavícula

Hueco supraesternal

Mama

Pezón

Fosa cubital

Ombligo

Cadera

Ingle

Pene

Escroto

Nudillos

Muñeca

Pulgar

Dedo

Muslo

Palma

Rodilla

Genitales

Espinilla

Dedo del pie

Tobillo

Arco plantar

7

Cabeza

En un recién nacido, la cabeza supone la cuarta parte de la longitud corporal total; en la época adulta esta proporción se ha reducido a la octava parte. Los órganos principales de los sentidos están incluidos en la cabeza: ojos, oídos, los nervios olfatorios que detectan los olores y las papilas gustativas de la lengua. Las señales de estos órganos pasan al gran centro de coordinación: el cerebro, albergado dentro de una cubierta protectora de hueso. El pelo de la cabeza aísla frente a las pérdidas de calor y en los varones crece un vello grueso facial (barba). La cara tiene tres aberturas importantes: dos orificios nasales, por los que pasa el aire, y la boca, con la que se toman los alimentos y contribuye a articular el lenguaje. Si bien todas las cabezas son lógicamente similares, las diferencias en tamaño, forma y color de rostro producen una infinita variedad de apariencias.

VISIÓN LATERAL DE LOS RASGOS EXTERNOS DE LA CABEZA

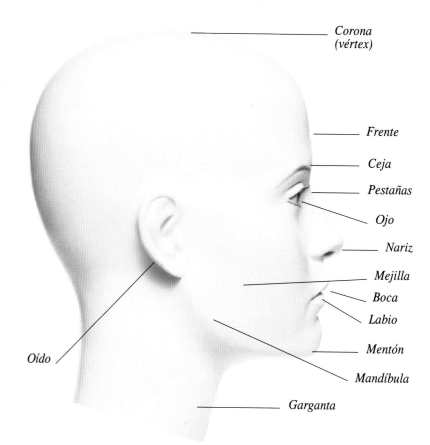

Corona (vértex)
Frente
Ceja
Pestañas
Ojo
Nariz
Mejilla
Boca
Labio
Mentón
Mandíbula
Garganta
Oído

SECCIÓN DE LA CABEZA

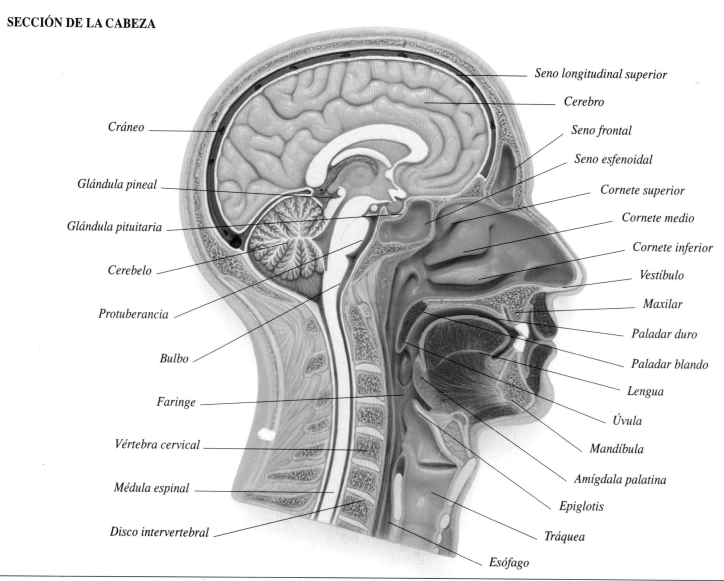

Cráneo
Glándula pineal
Glándula pituitaria
Cerebelo
Protuberancia
Bulbo
Faringe
Vértebra cervical
Médula espinal
Disco intervertebral

Seno longitudinal superior
Cerebro
Seno frontal
Seno esfenoidal
Cornete superior
Cornete medio
Cornete inferior
Vestíbulo
Maxilar
Paladar duro
Paladar blando
Lengua
Úvula
Mandíbula
Amígdala palatina
Epiglotis
Tráquea
Esófago

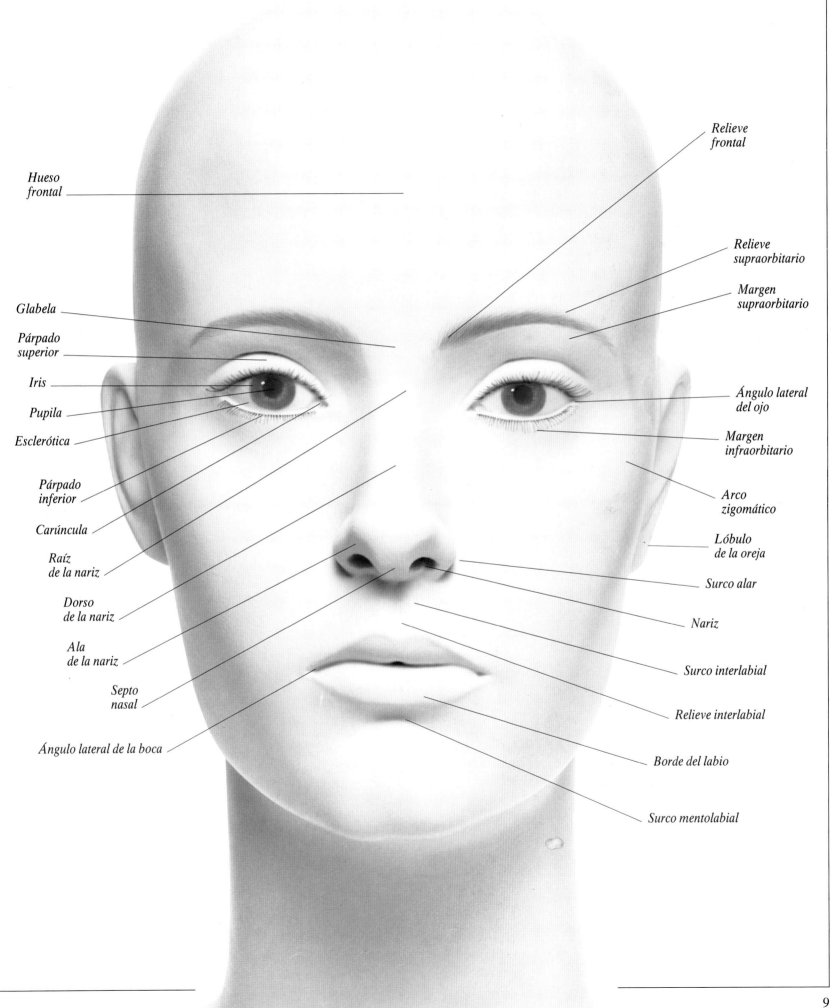

Relieve
frontal

Relieve
supraorbitario

Margen
supraorbitario

Hueso
frontal

Glabela

Párpado
superior

Iris

Ángulo lateral
del ojo

Pupila

Margen
infraorbitario

Esclerótica

Párpado
inferior

Arco
zigomático

Carúncula

Lóbulo
de la oreja

Raíz
de la nariz

Surco alar

Dorso
de la nariz

Nariz

Ala
de la nariz

Surco interlabial

Septo
nasal

Relieve interlabial

Ángulo lateral de la boca

Borde del labio

Surco mentolabial

Órganos del cuerpo

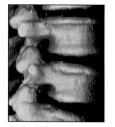

Todos los órganos vitales del cuerpo, salvo el cerebro, están incluidos en el tronco (el cuerpo sin cabeza ni miembros). El tronco posee dos grandes cavidades principales separadas por una delgada hoja muscular, denominada diafragma. La cavidad superior, conocida como cavidad torácica o simplemente tórax, contiene el corazón y los pulmones. La cavidad inferior, llamada cavidad abdominal, contiene el estómago, intestino, hígado y páncreas; todos ellos intervienen activamente en la digestión de los alimentos. También en esta cavidad se encuentran los riñones y la vejiga, que forman parte del tracto urinario, y los sistemas de la reproducción, que contienen el germen de una nueva vida humana. Las modernas técnicas de obtención de imágenes, tales como radiografías de contraste y los diversos tipos de tomografía, posibilitan la visión y el estudio de los órganos del cuerpo, sin necesidad de seccionar las cubiertas protectoras de piel, grasa, músculo y hueso.

PRINCIPALES ESTRUCTURAS INTERNAS

Laringe

Tiroides

Corazón

Pulmón derecho

Pulmón izquierdo

Diafragma

Hígado

Estómago

Intestino grueso

Intestino delgado

Delantal de los epiplones

VISUALIZANDO EL CUERPO

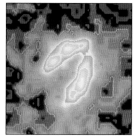

Centelleograma de las cámaras cardiacas

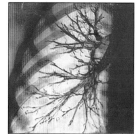

Angiografía del pulmón derecho

Radiografía de contraste de la vesícula biliar

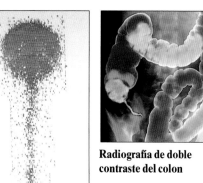

Centelleograma del sistema nervioso

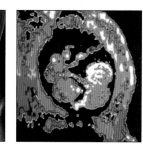

Radiografía de doble contraste del colon

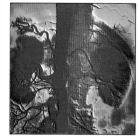

Tomografía ultrasónica de gemelos en el útero

Angiografía de los riñones

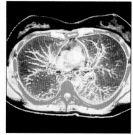

Angiografía de las arterias cerebrales

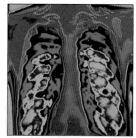

Tomografía computerizada del tórax femenino

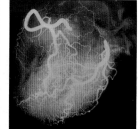

Termograma de la región torácica

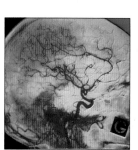

Angiografía de las arterias del corazón

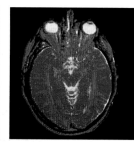

Tomografía de RNM cerebral a nivel del globo ocular

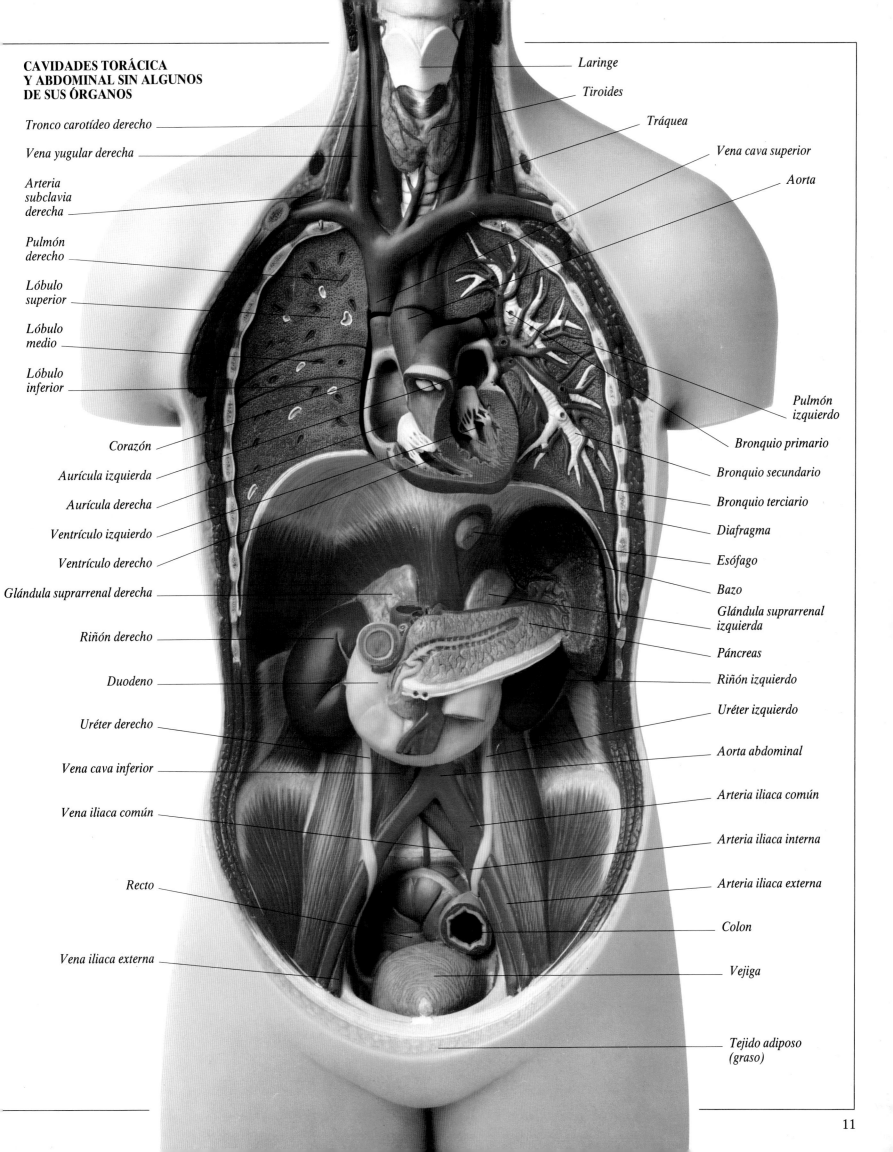

**CAVIDADES TORÁCICA
Y ABDOMINAL SIN ALGUNOS
DE SUS ÓRGANOS**

Tronco carotídeo derecho

Vena yugular derecha

Arteria
subclavia
derecha

Pulmón
derecho

Lóbulo
superior

Lóbulo
medio

Lóbulo
inferior

Corazón

Aurícula izquierda

Aurícula derecha

Ventrículo izquierdo

Ventrículo derecho

Glándula suprarrenal derecha

Riñón derecho

Duodeno

Uréter derecho

Vena cava inferior

Vena iliaca común

Recto

Vena iliaca externa

Laringe

Tiroides

Tráquea

Vena cava superior

Aorta

Pulmón
izquierdo

Bronquio primario

Bronquio secundario

Bronquio terciario

Diafragma

Esófago

Bazo

Glándula suprarrenal
izquierda

Páncreas

Riñón izquierdo

Uréter izquierdo

Aorta abdominal

Arteria iliaca común

Arteria iliaca interna

Arteria iliaca externa

Colon

Vejiga

Tejido adiposo
(graso)

Células del cuerpo

CADA UNO DE NOSOTROS ESTÁ CONSTITUIDO POR BILLONES DE CÉLULAS, que son la base estructural del cuerpo, los huesos, músculos, nervios, piel, sangre y todos los demás tejidos u órganos corporales están formados por diferentes tipos de células. Cada célula tiene una función específica y trabaja con otros tipos de células para realizar el enorme número de tareas necesarios para el mantenimiento de la vida. La mayoría de las células del cuerpo tienen una estructura básica similar. Cada célula tiene una capa externa (llamada membrana) y contiene un material fluido (citoplasma). En éste hay muchas estructuras especializadas (organelas). La más importante organela es el núcleo que contiene el vital material genético y que funciona como el centro de control de la célula.

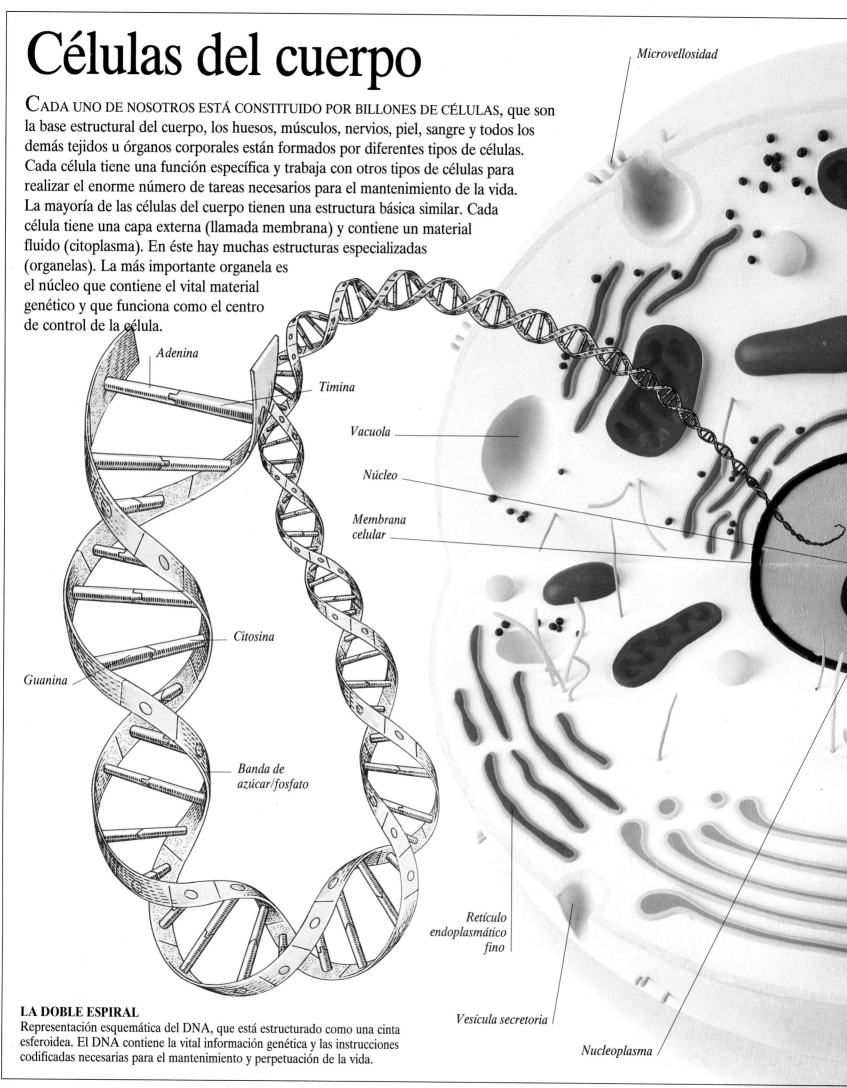

Microvellosidad

Adenina

Timina

Vacuola

Núcleo

Membrana celular

Citosina

Guanina

Banda de azúcar/fosfato

Retículo endoplasmático fino

Vesícula secretoria

Nucleoplasma

LA DOBLE ESPIRAL
Representación esquemática del DNA, que está estructurado como una cinta esferoidea. El DNA contiene la vital información genética y las instrucciones codificadas necesarias para el mantenimiento y perpetuación de la vida.

CÉLULA HUMANA GENÉRICA

Citoplasma

Lisosoma

Membrana celular

Crestas
mitocondriales

Núcleo

Retículo
endoplásmico
rugoso

Microfilamento

Poro de la
membrana nuclear

Ribosoma

Centriolo

Mitocondria

Microtúbulos

Peroxisoma

Vesícula de pinocitosis

Complejo de Golgi (aparato de Golgi;
cuerpo de Golgi)

TIPOS DE CÉLULAS

**Célula formadora
de hueso (osteoblasto)**

**Células nerviosas
en la médula espinal**

**Células espermáticas
en el semen**

**Células de las glándulas
secretorias del tiroides**

**Células productoras
de ácido del estómago**

**Células del tejido
conectivo**

**Células mucosecretoras
del duodeno**

**Células rojas y dos
leucocitos de la sangre**

**Células grasas
en el tejido adiposo**

**Células epiteliales
de la mejilla**

Esqueleto

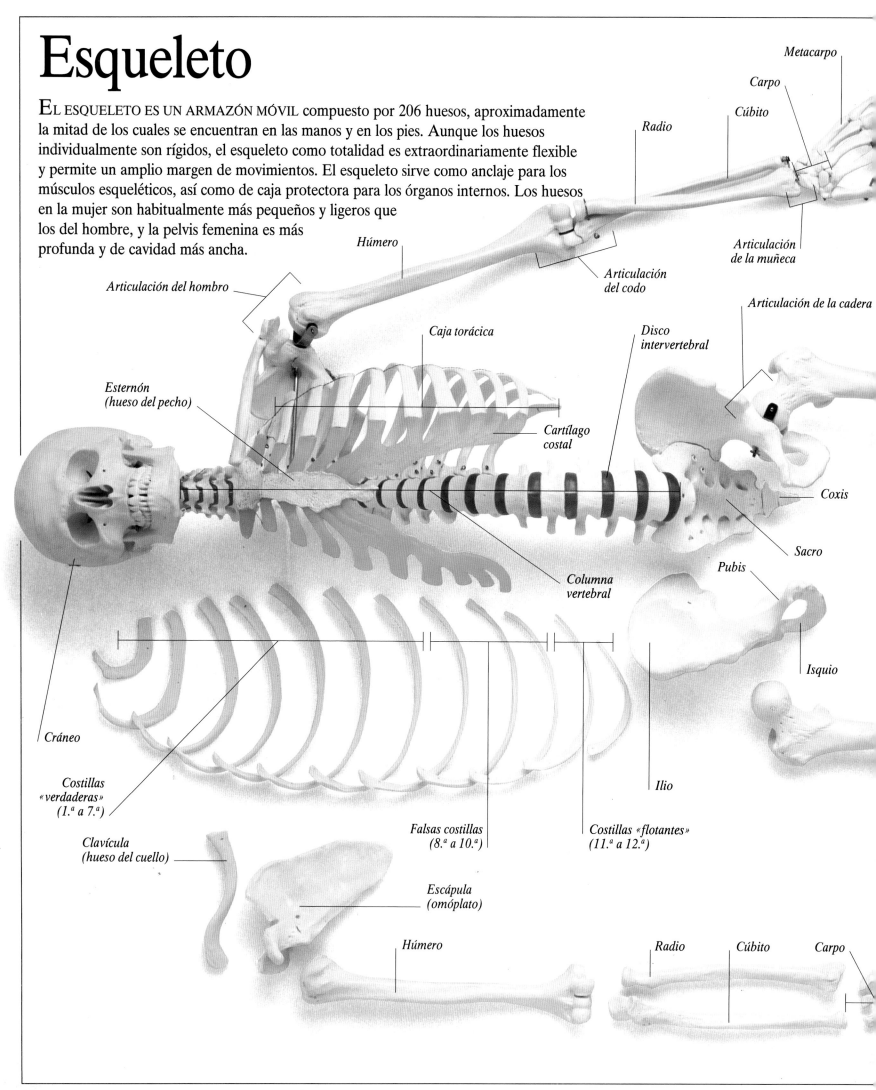

EL ESQUELETO ES UN ARMAZÓN MÓVIL compuesto por 206 huesos, aproximadamente la mitad de los cuales se encuentran en las manos y en los pies. Aunque los huesos individualmente son rígidos, el esqueleto como totalidad es extraordinariamente flexible y permite un amplio margen de movimientos. El esqueleto sirve como anclaje para los músculos esqueléticos, así como de caja protectora para los órganos internos. Los huesos en la mujer son habitualmente más pequeños y ligeros que los del hombre, y la pelvis femenina es más profunda y de cavidad más ancha.

Metacarpo

Carpo

Cúbito

Radio

Articulación
de la muñeca

Articulación de la cadera

Húmero

Articulación del hombro

Articulación
del codo

Caja torácica

Disco
intervertebral

Esternón
(hueso del pecho)

Cartílago
costal

Coxis

Sacro

Columna
vertebral

Pubis

Cráneo

Ilio

Isquio

Costillas
«verdaderas»
(1.ª a 7.ª)

Falsas costillas
(8.ª a 10.ª)

Costillas «flotantes»
(11.ª a 12.ª)

Clavícula
(hueso del cuello)

Escápula
(omóplato)

Húmero

Radio

Cúbito

Carpo

Falange distal

Falange media

Falange proximal

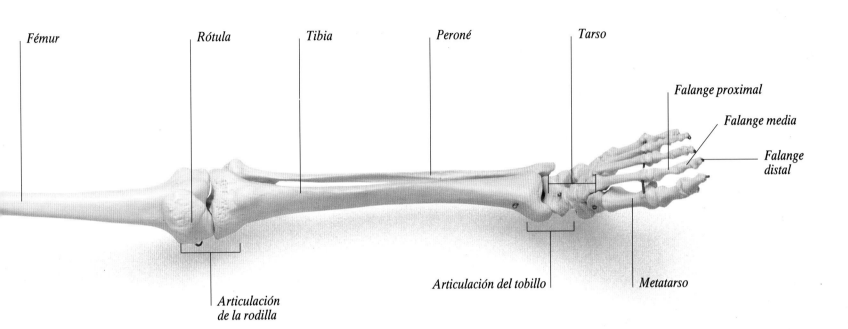

Fémur

Rótula

Tibia

Peroné

Tarso

Falange proximal

Falange media

Falange distal

Articulación del tobillo

Metatarso

Articulación de la rodilla

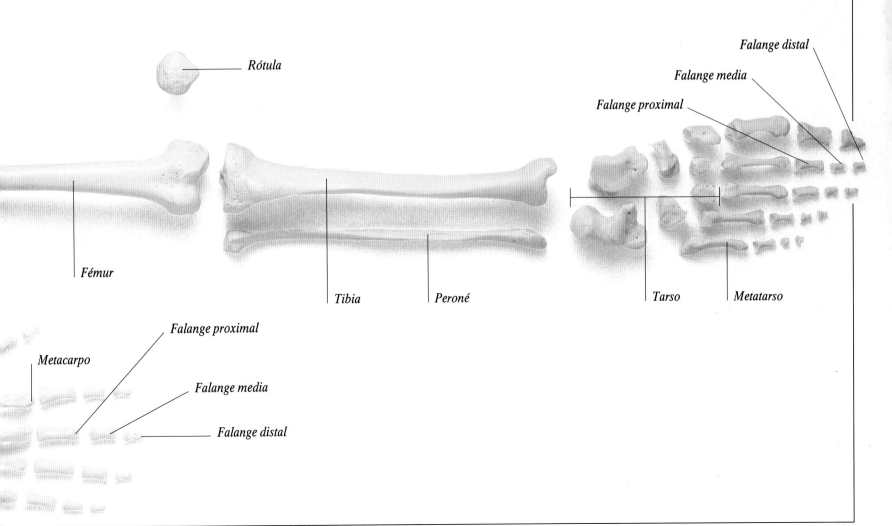

Rótula

Falange distal

Falange media

Falange proximal

Fémur

Tibia

Peroné

Tarso

Metatarso

Metacarpo

Falange proximal

Falange media

Falange distal

Cráneo

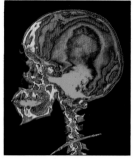

EL CRÁNEO es una de las estructuras óseas más complicadas del organismo, pero cada una de sus particularidades cumple un propósito bien definido. Internamente, la cavidad principal del cráneo tiene tres niveles que contienen al cerebro, en la que cada protuberancia y cavidad corresponde a la forma del cerebro mismo. Debajo y hacia atrás del cráneo se encuentra un gran agujero redondo, llamado agujero magno, a través del cual pasa la médula espinal. Al frente de este agujero se encuentran numerosas pequeñas aberturas, a través de las cuales entran y salen del cerebro nervios, arterias y venas. El techo del cráneo está formado por cuatro huesos curvos y delgados que se unen firmemente entre sí a partir de los dos años de edad. En la parte frontal del cráneo se encuentran las dos órbitas, que contienen los globos oculares, y un agujero central para el paso del aire nasal. La mandíbula se articula con el cráneo a nivel de las orejas.

VISTA LATERAL DERECHA DE UN CRÁNEO FETAL

Fontanela anterior
Hueso parietal
Sutura coronaria
Hueso frontal
Hueso nasal
Sínfisis mentoniana
Sutura lamboidea
Hueso occipital
Fontanela mastoidea
Orificio auditivo externo
Fontanela esfenoidal

VISTA LATERAL DERECHA DEL CRÁNEO

Ala mayor del esfenoides
Sutura coronaria
Hueso frontal
Sutura frontozigomática
Hueso parietal
Margen supraorbital
Sutura escamosa
Cavidad orbital
Hueso nasal
Espina nasal anterior
Maxilar (mandíbula superior)
Mandíbula (maxilar inferior)
Sutura lamboidea
Hueso occipital
Hueso temporal
Orificio auditivo externo
Receso mastoideo
Cóndilo
Receso coronoides
Hueso zigomático
Foramen mentoniano

VISTA INFERIOR DEL CRÁNEO

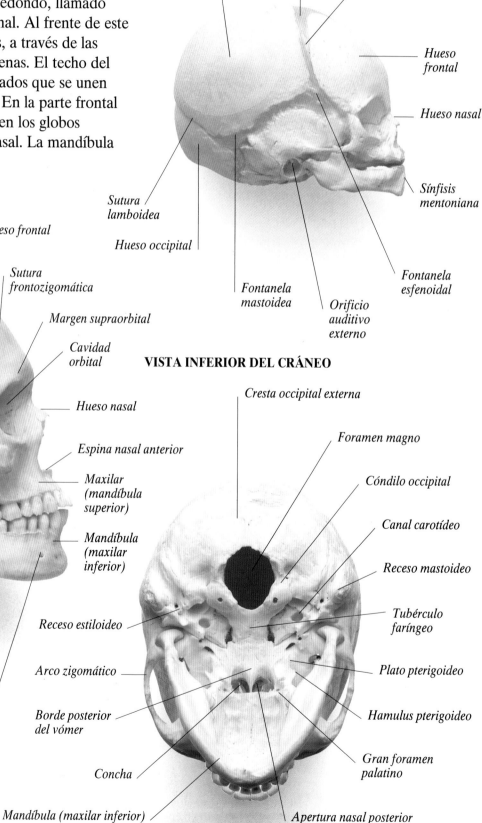

Cresta occipital externa
Foramen magno
Cóndilo occipital
Canal carotídeo
Receso mastoideo
Tubérculo faríngeo
Receso estiloideo
Arco zigomático
Plato pterigoideo
Hamulus pterigoideo
Borde posterior del vómer
Gran foramen palatino
Concha
Mandíbula (maxilar inferior)
Apertura nasal posterior

VISTA FRONTAL DEL CRÁNEO

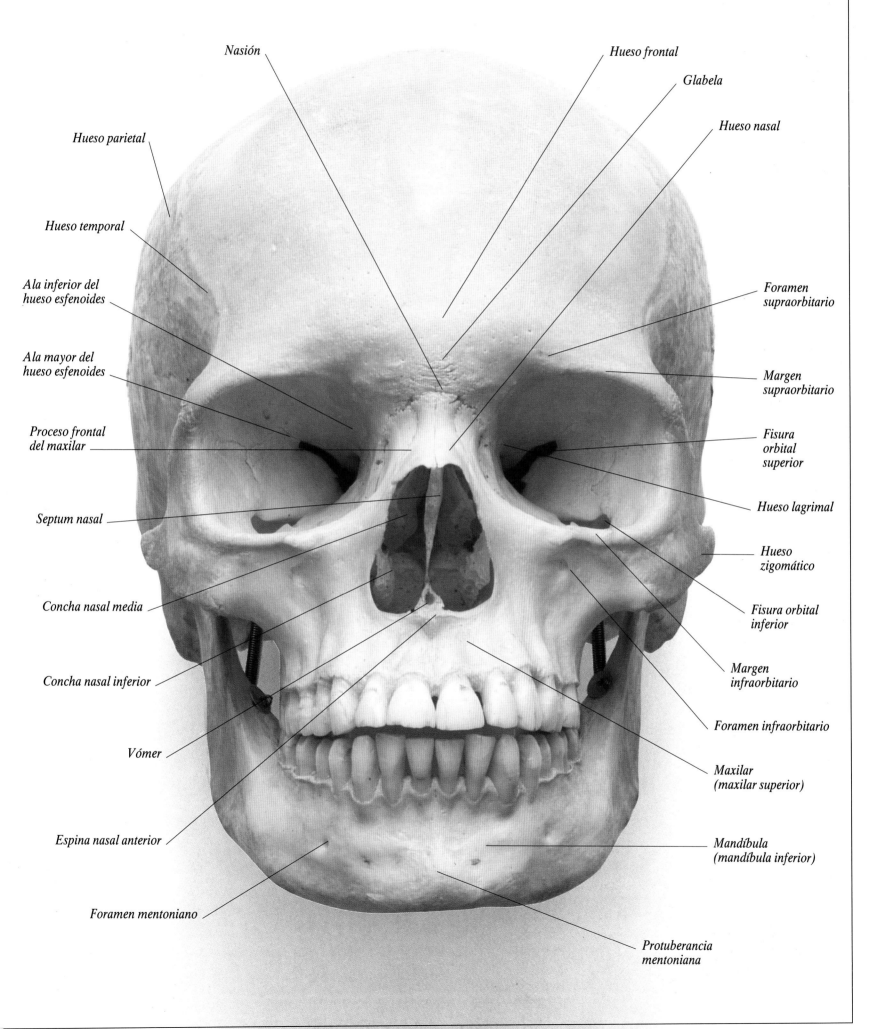

Nasión

Hueso frontal

Glabela

Hueso nasal

Hueso parietal

Hueso temporal

Ala inferior del hueso esfenoides

Ala mayor del hueso esfenoides

Proceso frontal del maxilar

Septum nasal

Concha nasal media

Concha nasal inferior

Vómer

Espina nasal anterior

Foramen mentoniano

Foramen supraorbitario

Margen supraorbitario

Fisura orbital superior

Hueso lagrimal

Hueso zigomático

Fisura orbital inferior

Margen infraorbitario

Foramen infraorbitario

Maxilar (maxilar superior)

Mandíbula (mandíbula inferior)

Protuberancia mentoniana

Columna vertebral

LA COLUMNA VERTEBRAL tiene dos funciones principales: sirve como protección y envolvente de la delicada médula espinal y forma el soporte óseo posterior del esqueleto. La columna está constituida por 24 huesos, diferenciados y separados (vértebras), y por un hueso curvo y triangular (el sacro) en su extremo inferior. El sacro está formado por vértebras fusionadas; en su parte inferior es como una pequeña cola formada por huesos finos que en su integridad se llama coxis. Entre cada par de vértebras existe un disco cartilaginoso que amortigua los huesos durante el movimiento. Las primeras dos vértebras difieren de las otras y trabajan conjuntamente: la primera, llamada atlas, rota alrededor de un eje vertical cuyo punto de apoyo es el axis. Esta característica permite al cráneo movilizarse libremente de arriba abajo y de lado a lado.

Vértebra cervical

Vértebra torácica

Vértebra lumbar

Vértebra sacra

Vértebra coxígea

TIPOS DE VÉRTEBRAS (VISTA SUPERIOR)

ATLAS

Macizo lateral con carilla articular superior

Arco interior

Arco posterior

Tubérculo anterior

Tubérculo posterior

Foramen vertebral

Apófisis transversa

Foramen transversal

AXIS

Carilla

Diente

Foramen vertebral

Apófisis espinal

Lámina

Apófisis transversa y foramen

VÉRTEBRA CERVICAL

Cuerpo

Apófisis articular superior

Tubérculo anterior

Apófisis espinal

Tubérculo posterior

Foramen vertebral

Foramen transverso

Cráneo

CRÁNEO Y COLUMNA

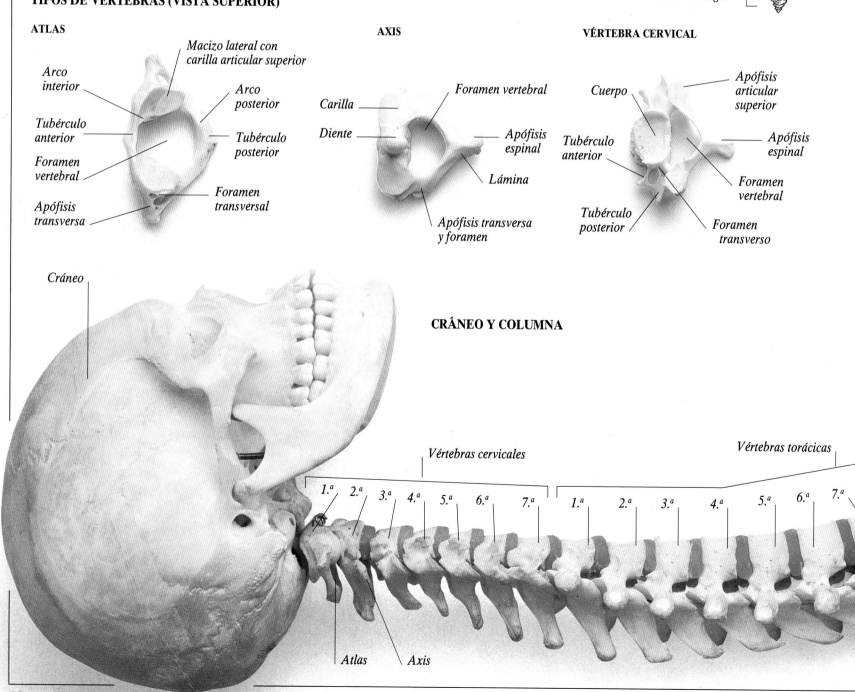

Vértebras cervicales

Vértebras torácicas

1.ª 2.ª 3.ª 4.ª 5.ª 6.ª 7.ª   1.ª 2.ª 3.ª 4.ª 5.ª 6.ª 7.ª

Atlas   Axis

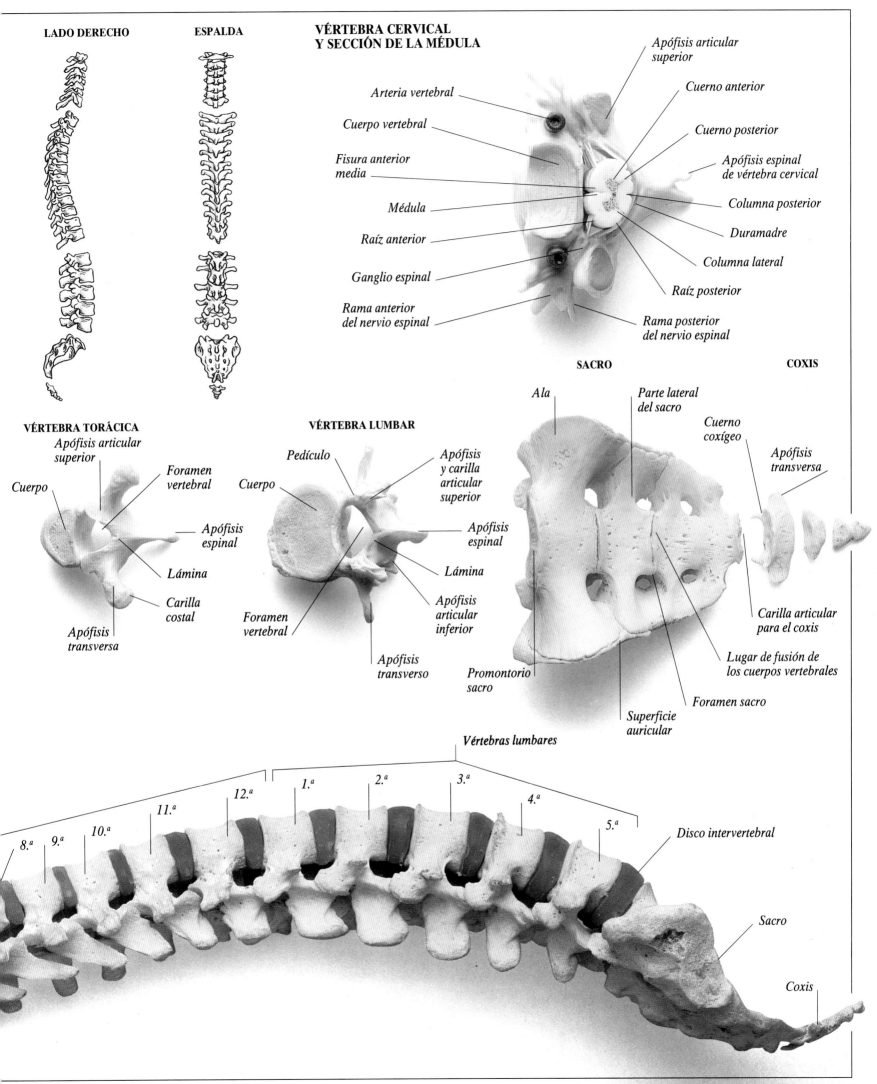

LADO DERECHO

ESPALDA

**VÉRTEBRA CERVICAL
Y SECCIÓN DE LA MÉDULA**

Arteria vertebral

Cuerpo vertebral

Fisura anterior
media

Médula

Raíz anterior

Ganglio espinal

Rama anterior
del nervio espinal

Apófisis articular
superior

Cuerno anterior

Cuerno posterior

Apófisis espinal
de vértebra cervical

Columna posterior

Duramadre

Columna lateral

Raíz posterior

Rama posterior
del nervio espinal

VÉRTEBRA TORÁCICA

Apófisis articular
superior

Cuerpo

Foramen
vertebral

Apófisis
espinal

Lámina

Carilla
costal

Apófisis
transversa

VÉRTEBRA LUMBAR

Pedículo

Cuerpo

Apófisis
y carilla
articular
superior

Apófisis
espinal

Lámina

Apófisis
articular
inferior

Foramen
vertebral

Apófisis
transverso

Promontorio
sacro

SACRO

Ala

Parte lateral
del sacro

Superficie
auricular

Foramen sacro

Lugar de fusión de
los cuerpos vertebrales

Carilla articular
para el coxis

COXIS

Cuerno
coxígeo

Apófisis
transversa

Vértebras lumbares

8.ª 9.ª 10.ª 11.ª 12.ª 1.ª 2.ª 3.ª 4.ª 5.ª

Disco intervertebral

Sacro

Coxis

Huesos y articulaciones

LOS HUESOS FORMAN la estructura del esqueleto. Cada hueso tiene una cubierta exterior compacta que rodea una estructura interior esponjosa y ligera. Los huesos largos de los brazos y piernas, tales como el fémur (hueso del muslo), tienen una cavidad central que contiene la médula ósea. Los huesos están compuestos principalmente de calcio, fósforo y una sustancia fibrosa conocida como colágeno. Los huesos se unen en articulaciones que son de diferentes tipos, por ejemplo: la cadera es una articulación de tipo esfera y fosa que permite al fémur un amplio margen de movimientos, mientras que las articulaciones de los dedos son de tipo bisagra que sólo permiten movimientos de flexión y extensión. Las articulaciones están mantenidas por bandas de tejido llamadas ligamentos. El movimiento articular está facilitado por un cartílago hialino suave que cubre los extremos óseos y por una membrana sinovial que reviste y lubrica la articulación.

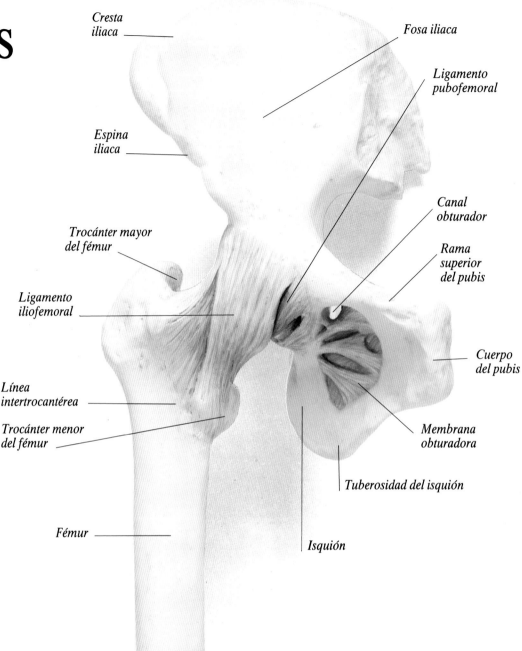

Cresta iliaca

Fosa iliaca

Ligamento pubofemoral

Espina iliaca

Canal obturador

Trocánter mayor del fémur

Rama superior del pubis

Ligamento iliofemoral

Cuerpo del pubis

Línea intertrocantérea

Membrana obturadora

Trocánter menor del fémur

Tuberosidad del isquión

Fémur

Isquión

SECCIÓN DEL FÉMUR IZQUIERDO

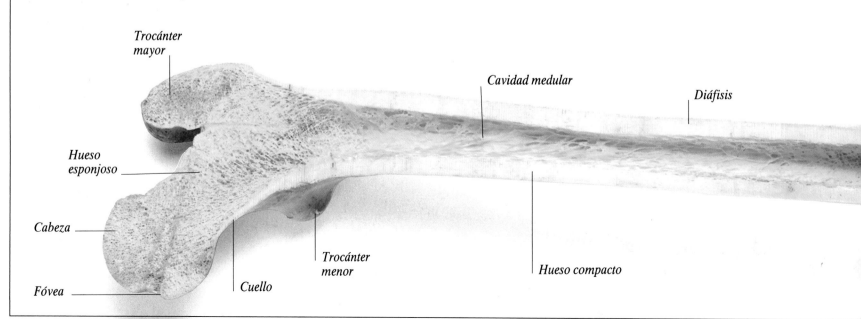

Trocánter mayor

Cavidad medular

Diáfisis

Hueso esponjoso

Cabeza

Trocánter menor

Hueso compacto

Fóvea

Cuello

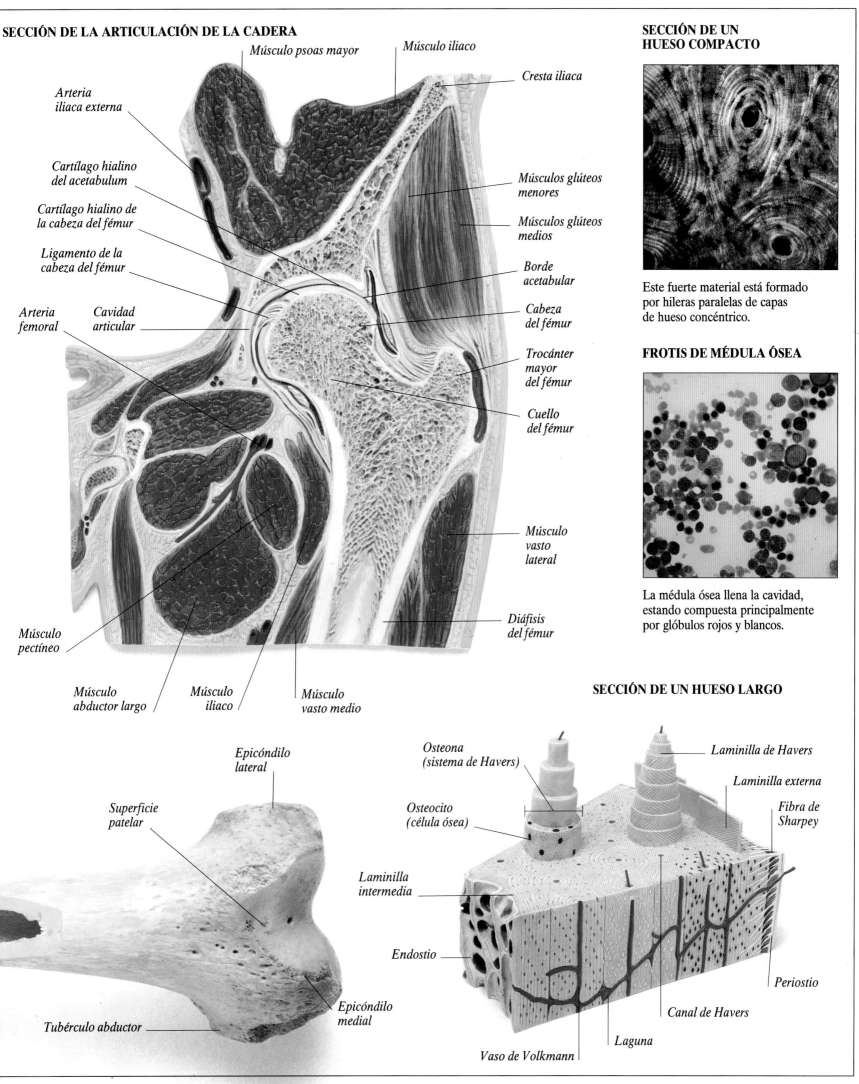

SECCIÓN DE LA ARTICULACIÓN DE LA CADERA

Músculo psoas mayor

Músculo iliaco

Cresta iliaca

Arteria iliaca externa

Músculos glúteos menores

Cartílago hialino del acetabulum

Músculos glúteos medios

Cartílago hialino de la cabeza del fémur

Borde acetabular

Ligamento de la cabeza del fémur

Cabeza del fémur

Arteria femoral

Cavidad articular

Trocánter mayor del fémur

Cuello del fémur

Músculo vasto lateral

Músculo pectíneo

Diáfisis del fémur

Músculo abductor largo

Músculo iliaco

Músculo vasto medio

Epicóndilo lateral

Superficie patelar

Tubérculo abductor

Epicóndilo medial

SECCIÓN DE UN HUESO COMPACTO

Este fuerte material está formado por hileras paralelas de capas de hueso concéntrico.

FROTIS DE MÉDULA ÓSEA

La médula ósea llena la cavidad, estando compuesta principalmente por glóbulos rojos y blancos.

SECCIÓN DE UN HUESO LARGO

Osteona (sistema de Havers)

Laminilla de Havers

Laminilla externa

Osteocito (célula ósea)

Fibra de Sharpey

Laminilla intermedia

Endostio

Periostio

Canal de Havers

Vaso de Volkmann

Laguna

21

Músculos 1

Hay tres clases principales de músculos: músculo esquelético (también llamado músculo voluntario porque puede ser controlado conscientemente), músculo liso (también llamado involuntario ya que no está controlado por la voluntad) y el tejido especializado del músculo cardiaco. El ser humano tiene más de 600 músculos esqueléticos, que difieren en tamaño y forma, dependiendo del papel que cumplan. Los músculos esqueléticos están unidos directa o indirectamente (a través de tendones) a los huesos y trabajan en pares opuestos (un músculo en el par se contrae, mientras el otro se relaja) para realizar movimientos corporales tan diversos como caminar, enhebrar una aguja y gesticular una expresión facial. Los músculos lisos se encuentran en las paredes de los órganos internos y realizan acciones tales como hacer progresar los alimentos a través del intestino, contracciones uterinas en el parto y bombear la sangre a través de las arterias.

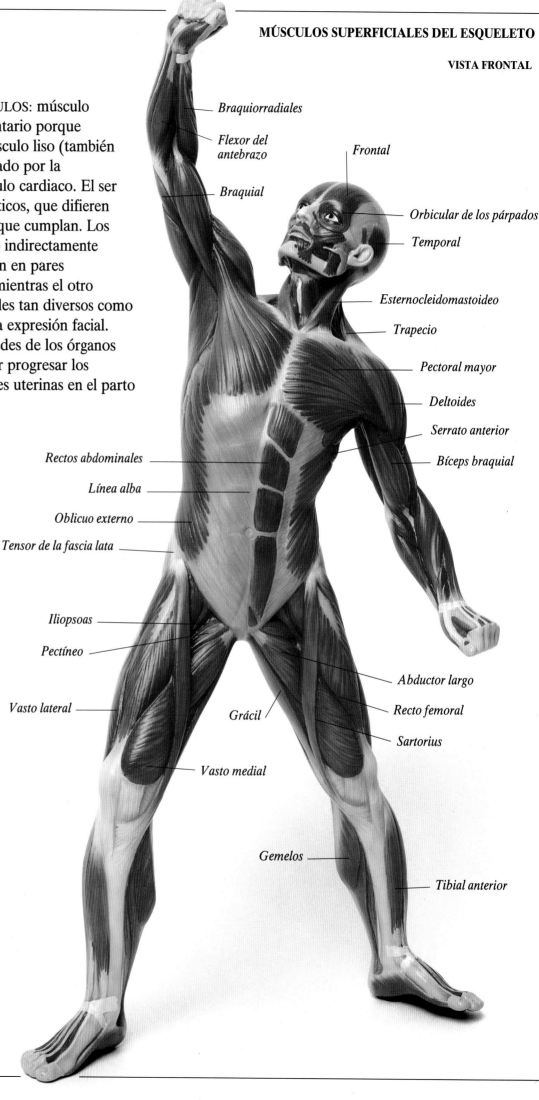

MÚSCULOS SUPERFICIALES DEL ESQUELETO

VISTA FRONTAL

Braquiorradiales

Flexor del antebrazo

Braquial

Frontal

Orbicular de los párpados

Temporal

Esternocleidomastoideo

Trapecio

Pectoral mayor

Deltoides

Serrato anterior

Rectos abdominales

Bíceps braquial

Línea alba

Oblicuo externo

Tensor de la fascia lata

Iliopsoas

Pectíneo

Abductor largo

Vasto lateral

Grácil

Recto femoral

Sartorius

Vasto medial

Gemelos

Tibial anterior

OTROS MÚSCULOS DEL CUERPO

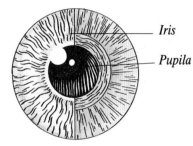

Iris

Pupila

IRIS
Las fibras musculares se contraen y dilatan (expanden) a fin de modificar el tamaño de la pupila.

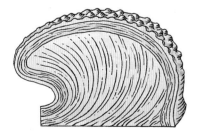

LENGUA
Las capas musculares entrelazadas permiten una gran movilidad.

ÍLEON
Las capas de músculos opuestos transportan los alimentos semidigeridos.

22

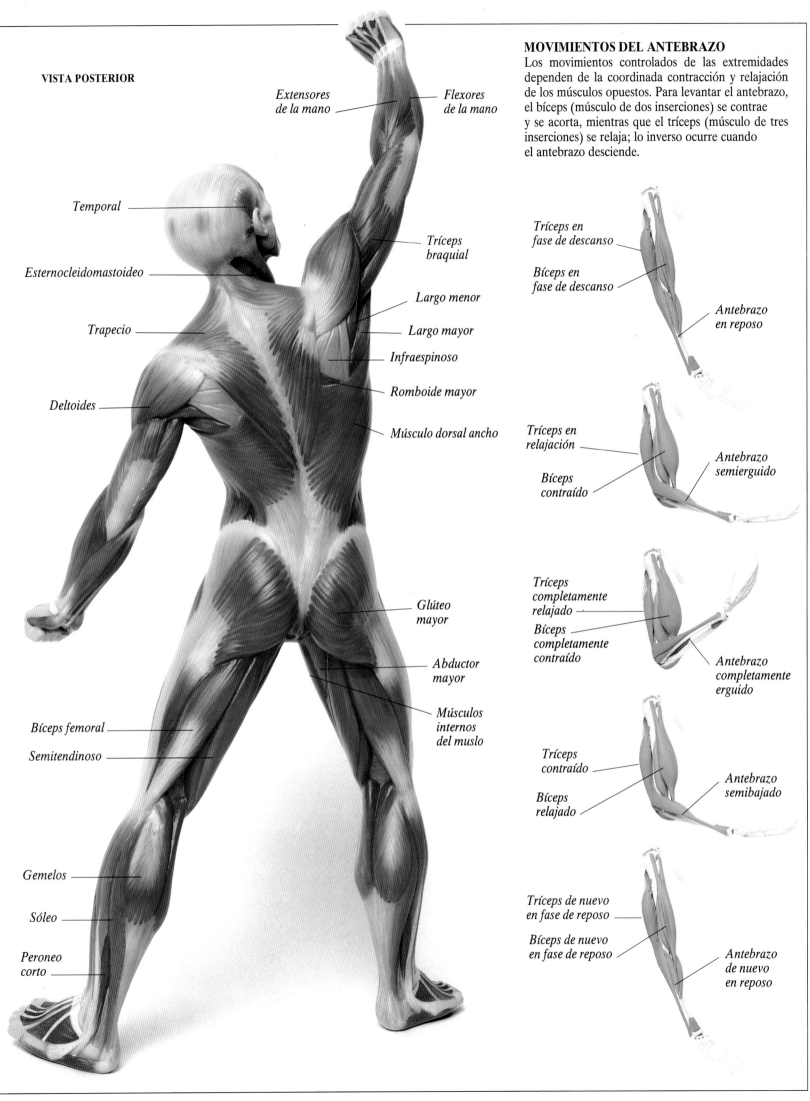

VISTA POSTERIOR

Extensores
de la mano

Flexores
de la mano

Temporal

Esternocleidomastoideo

Trapecio

Deltoides

Tríceps
braquial

Largo menor

Largo mayor

Infraespinoso

Romboide mayor

Músculo dorsal ancho

Glúteo
mayor

Abductor
mayor

Músculos
internos
del muslo

Bíceps femoral

Semitendinoso

Gemelos

Sóleo

Peroneo
corto

MOVIMIENTOS DEL ANTEBRAZO

Los movimientos controlados de las extremidades
dependen de la coordinada contracción y relajación
de los músculos opuestos. Para levantar el antebrazo,
el bíceps (músculo de dos inserciones) se contrae
y se acorta, mientras que el tríceps (músculo de tres
inserciones) se relaja; lo inverso ocurre cuando
el antebrazo desciende.

Tríceps en
fase de descanso

Bíceps en
fase de descanso

Antebrazo
en reposo

Tríceps en
relajación

Bíceps
contraído

Antebrazo
semierguido

Tríceps
completamente
relajado

Bíceps
completamente
contraído

Antebrazo
completamente
erguido

Tríceps
contraído

Bíceps
relajado

Antebrazo
semibajado

Tríceps de nuevo
en fase de reposo

Bíceps de nuevo
en fase de reposo

Antebrazo
de nuevo
en reposo

Músculos 2

FIBRA MUSCULAR DEL ESQUELETO

Miofibrilla

Sarcómero

Placa terminal motora

Bulbo sináptico

Núcleo

Retículo sarcoplásmico

Célula de Schwann

Sarcolema

Neurona motora

Endomisio

Nudo de Ranvier

MÚSCULOS DE LA EXPRESIÓN FACIAL

Una simple expresión es el resultado del movimiento de muchos músculos. Los principales músculos de la expresión se muestran en acción más abajo.

FRONTAL

CORRUGADOR SUPERCILIAR

ORBICULAR DE LOS LABIOS

ZIGOMÁTICO MAYOR

DEPRESOR ANGULAR DE LA BOCA

TIPOS DE MÚSCULOS

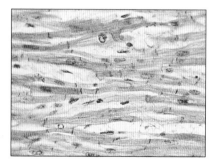

MÚSCULO CARDIACO

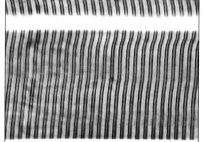

MÚSCULO ESQUELÉTICO

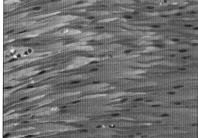

MÚSCULO LISO

CONTRACCIÓN DEL MÚSCULO ESQUELÉTICO

ESTADO DE RELAJACIÓN

ESTADO DE CONTRACCIÓN

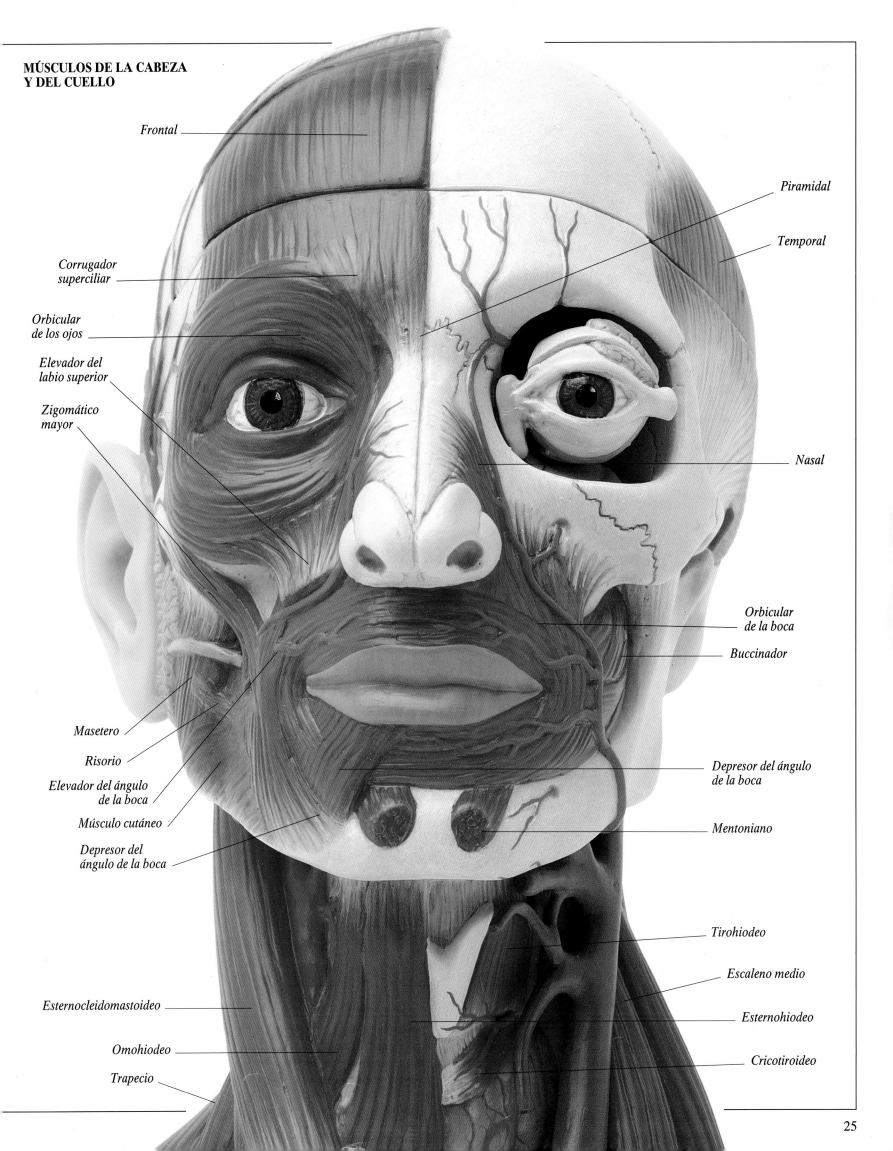

MÚSCULOS DE LA CABEZA Y DEL CUELLO

Frontal

Corrugador superciliar

Orbicular de los ojos

Elevador del labio superior

Zigomático mayor

Masetero

Risorio

Elevador del ángulo de la boca

Músculo cutáneo

Depresor del ángulo de la boca

Esternocleidomastoideo

Omohiodeo

Trapecio

Piramidal

Temporal

Nasal

Orbicular de la boca

Buccinador

Depresor del ángulo de la boca

Mentoniano

Tirohiodeo

Escaleno medio

Esternohiodeo

Cricotiroideo

Manos

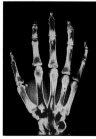

La MANO HUMANA es una herramienta extremadamente versátil, capaz de realizar manipulaciones delicadas, así como acciones poderosas de prensión. La disposición de sus 27 pequeños huesos, movidos por 37 músculos esqueléticos, que están conectados a los huesos por los tendones, permite un amplio margen de movimientos. En particular, es nuestra mayor habilidad juntar las puntas de los pulgares con el resto de los dedos, y esto, unido a la extraordinaria sensibilidad de la punta de los mismos, debida a las ricas terminaciones nerviosas, da a las manos humanas una singular destreza.

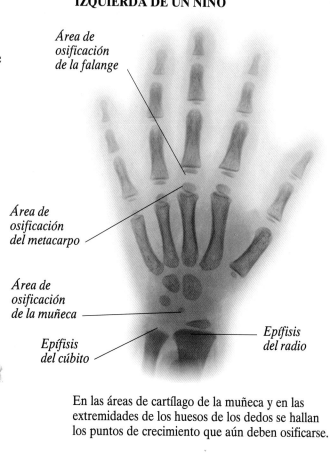

Área de osificación de la falange

Área de osificación del metacarpo

Área de osificación de la muñeca

Epífisis del cúbito

Epífisis del radio

En las áreas de cartílago de la muñeca y en las extremidades de los huesos de los dedos se hallan los puntos de crecimiento que aún deben osificarse.

HUESOS DE LA MANO

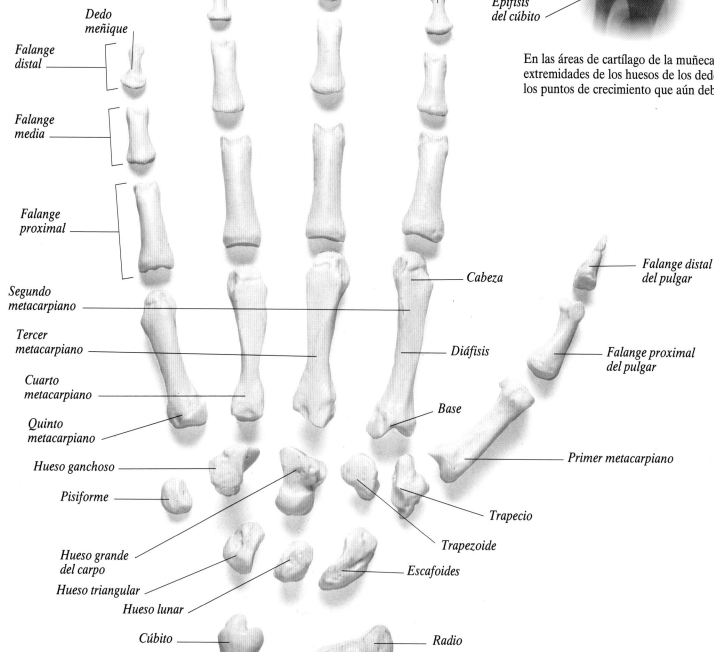

Dedo anular

Dedo medio

Dedo índice

Dedo meñique

Falange distal

Falange media

Falange proximal

Segundo metacarpiano

Tercer metacarpiano

Cuarto metacarpiano

Quinto metacarpiano

Hueso ganchoso

Pisiforme

Hueso grande del carpo

Hueso triangular

Hueso lunar

Cúbito

Cabeza

Diáfisis

Base

Trapecio

Trapezoide

Escafoides

Radio

Falange distal del pulgar

Falange proximal del pulgar

Primer metacarpiano

ESTRUCTURA POR DEBAJO DE LA PIEL DE LA PALMA DE LA MANO

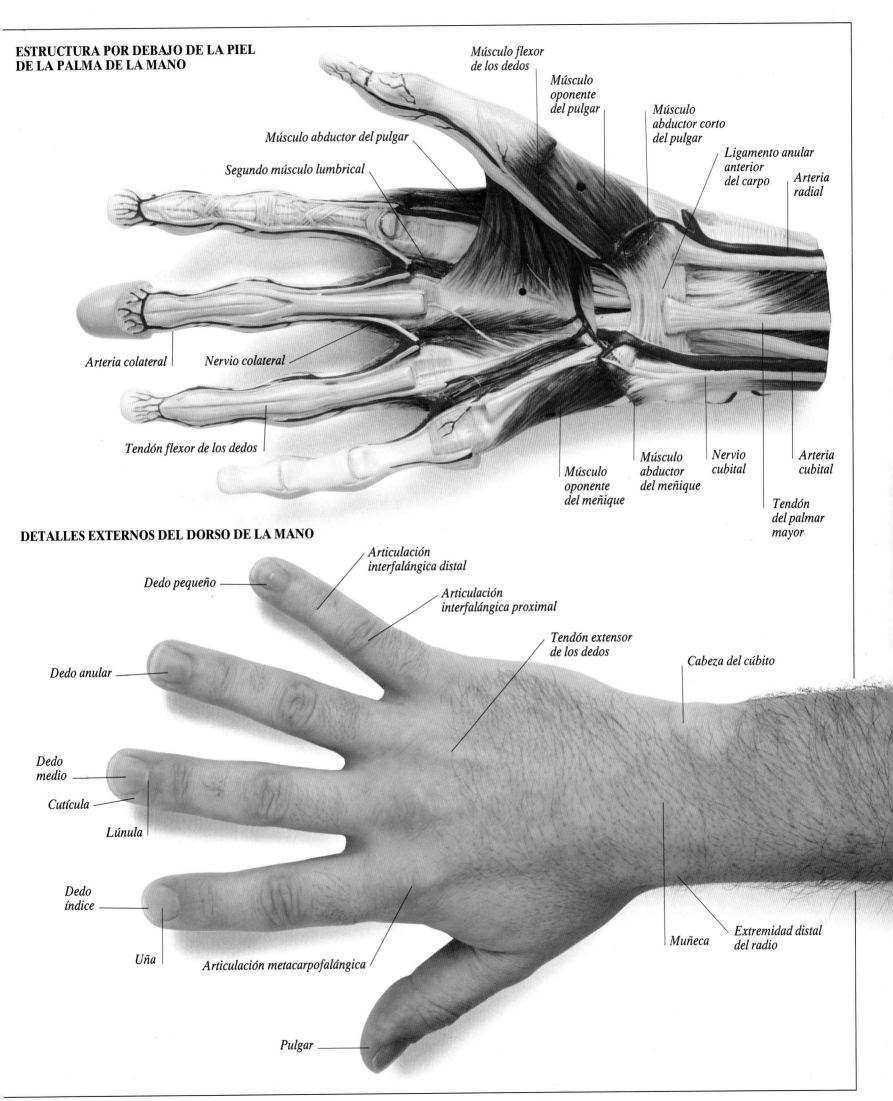

Músculo flexor de los dedos

Músculo oponente del pulgar

Músculo abductor corto del pulgar

Ligamento anular anterior del carpo

Arteria radial

Músculo abductor del pulgar

Segundo músculo lumbrical

Arteria colateral

Nervio colateral

Tendón flexor de los dedos

Músculo oponente del meñique

Músculo abductor del meñique

Nervio cubital

Arteria cubital

Tendón del palmar mayor

DETALLES EXTERNOS DEL DORSO DE LA MANO

Articulación interfalángica distal

Articulación interfalángica proximal

Dedo pequeño

Tendón extensor de los dedos

Cabeza del cúbito

Dedo anular

Dedo medio

Cutícula

Lúnula

Dedo índice

Muñeca

Extremidad distal del radio

Uña

Articulación metacarpofalángica

Pulgar

27

Pies

LOS PIES Y DEDOS son elementos esenciales
en el movimiento del cuerpo. Soportan
y propulsan el peso del cuerpo en el caminar
y correr, y también ayudan a mantener el
equilibrio durante los cambios de posición
del cuerpo. Cada pie tiene 26 huesos, más
de 100 ligamentos y 33 músculos, alguno
de los cuales está insertado en la parte
inferior de la pierna. La almohadilla del
talón y el arco del pie actúan como
absorbentes de los golpes, proporcionando
un colchón contra las sacudidas que ocurren
con cada paso.

LIGAMENTOS DEL PIE

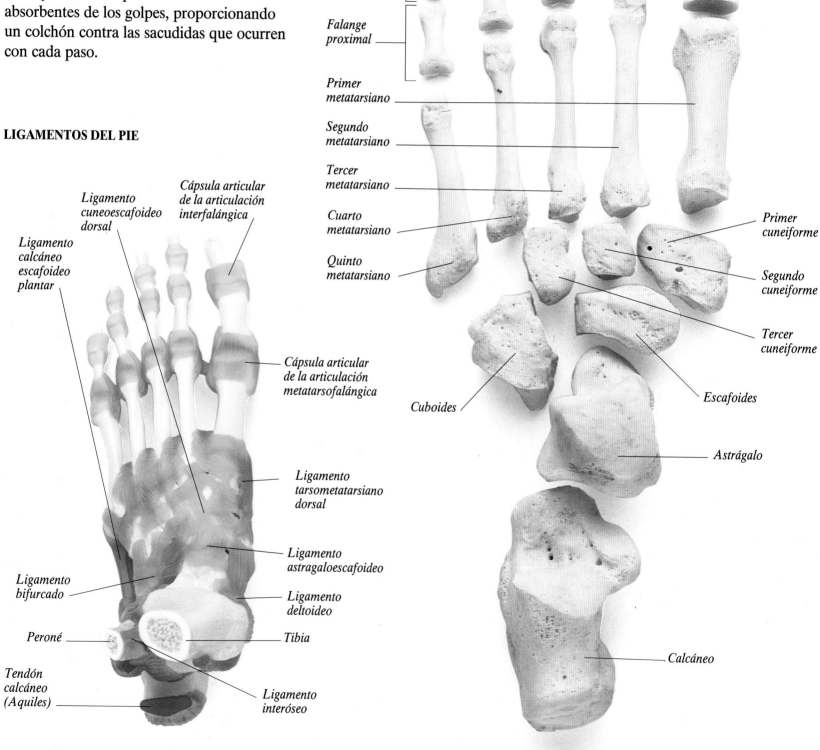

Segundo dedo
Dedo gordo
Tercer dedo
Falange distal del dedo gordo
Cuarto dedo
Quinto dedo (pequeño)
Falange distal
Falange media
Falange proximal
Falange proxim del dedo gordo
Primer metatarsiano
Segundo metatarsiano
Tercer metatarsiano
Cuarto metatarsiano
Quinto metatarsiano
Primer cuneiforme
Segundo cuneiforme
Tercer cuneiforme
Escafoides
Cuboides
Astrágalo
Calcáneo

Ligamento cuneoescafoideo dorsal
Cápsula articular de la articulación interfalángica
Ligamento calcáneo escafoideo plantar
Cápsula articular de la articulación metatarsofalángica
Ligamento tarsometatarsiano dorsal
Ligamento astragaloescafoideo
Ligamento bifurcado
Ligamento deltoideo
Peroné
Tibia
Tendón calcáneo (Aquiles)
Ligamento interóseo

ESTRUCTURAS POR DEBAJO DE LA PIEL DEL PIE

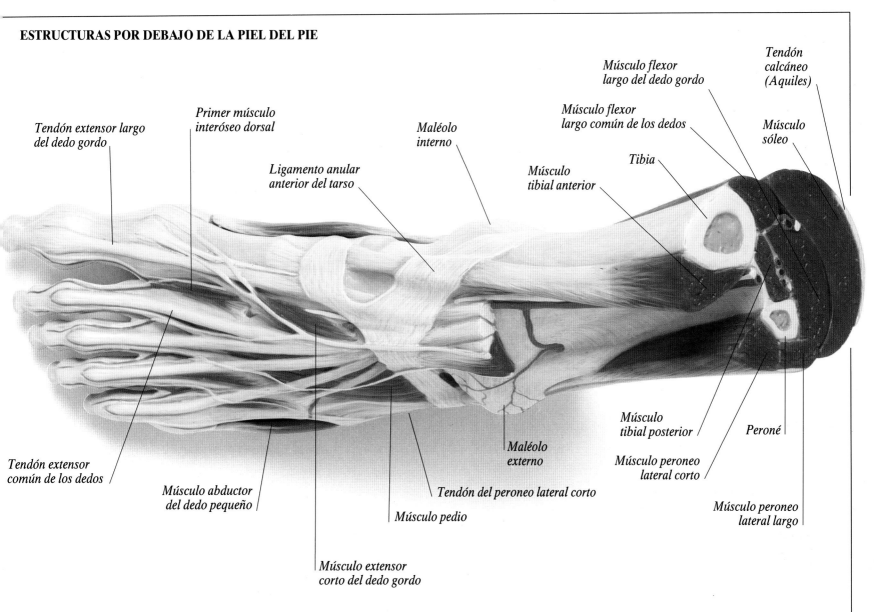

Tendón extensor largo
del dedo gordo

Primer músculo
interóseo dorsal

Ligamento anular
anterior del tarso

Maléolo
interno

Músculo
tibial anterior

Músculo flexor
largo del dedo gordo

Músculo flexor
largo común de los dedos

Tibia

Tendón
calcáneo
(Aquiles)

Músculo
sóleo

Tendón extensor
común de los dedos

Músculo abductor
del dedo pequeño

Músculo pedio

Maléolo
externo

Tendón del peroneo lateral corto

Músculo
tibial posterior

Músculo peroneo
lateral corto

Peroné

Músculo peroneo
lateral largo

Músculo extensor
corto del dedo gordo

DETALLES EXTERNOS DEL PIE

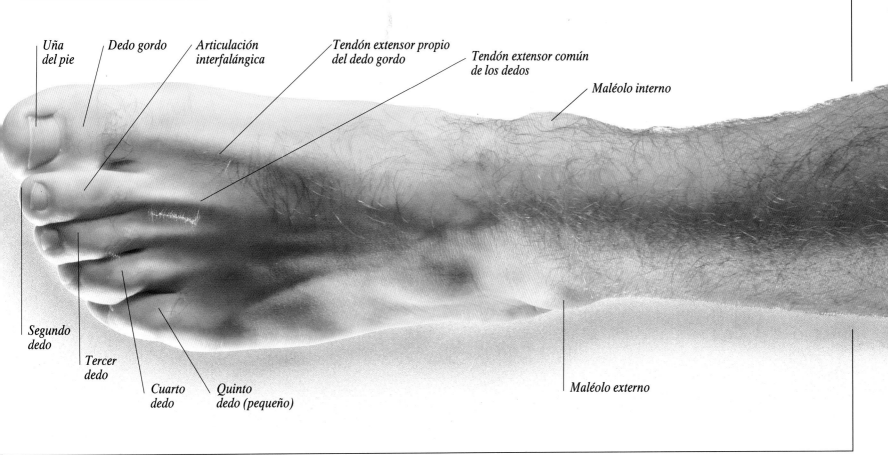

Uña
del pie

Dedo gordo

Articulación
interfalángica

Tendón extensor propio
del dedo gordo

Tendón extensor común
de los dedos

Maléolo interno

Segundo
dedo

Tercer
dedo

Cuarto
dedo

Quinto
dedo (pequeño)

Maléolo externo

Piel y pelo

LA PIEL ES EL ÓRGANO MÁS GRANDE DEL CUERPO HUMANO, una barrera resistente al agua que protege los órganos internos de las infecciones, de las agresiones y de la radiación solar peligrosa. También es un importante órgano sensitivo y ayuda a controlar la temperatura corporal. La capa más externa de la piel, conocida como epidermis, está cubierta de queratina, una proteína firme llamada córnea, y que también es el principal constituyente del pelo y de las uñas. Las células muertas son eliminadas de la superficie de la piel y son reemplazadas por células nuevas que provienen de la base de la epidermis, zona que también produce el pigmento de la piel: la melanina. La dermis contiene la mayoría de los elementos que permiten mantener la piel viva: incluye terminaciones nerviosas, vasos sanguíneos, fibras elásticas, glándulas sudoríparas que enfrían la piel y glándulas sebáceas que producen aceite que mantiene la piel flexible. Debajo de la dermis está el tejido subcutáneo o hipodermis, que es rico en grasa y vasos sanguíneos. El tallo del pelo crece en los folículos pilosos situados en la dermis y en el tejido subcutáneo. El pelo crece en cualquier parte de la piel, excepto en las palmas de las manos y en las plantas de los pies.

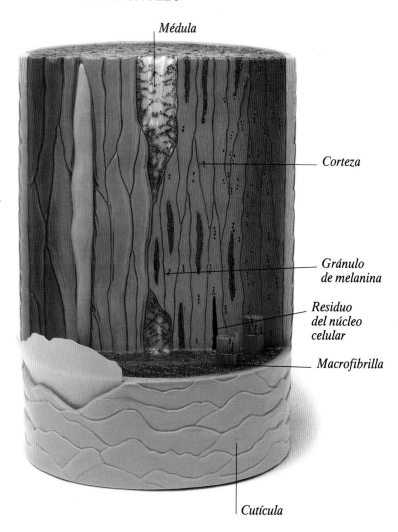

- Médula
- Corteza
- Gránulo de melanina
- Residuo del núcleo celular
- Macrofibrilla
- Cutícula

SECCIONES DE DIFERENTES TIPOS DE PIEL

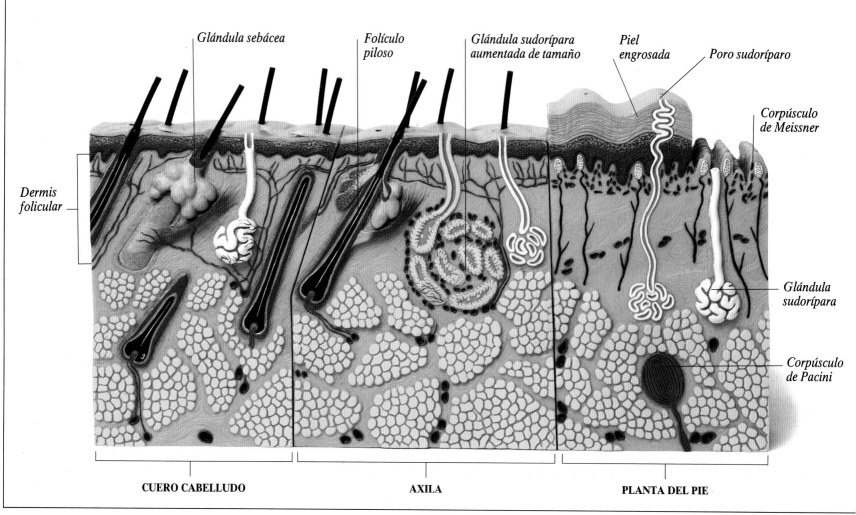

- Glándula sebácea
- Folículo piloso
- Glándula sudorípara aumentada de tamaño
- Piel engrosada
- Poro sudoríparo
- Corpúsculo de Meissner
- Dermis folicular
- Glándula sudorípara
- Corpúsculo de Pacini

CUERO CABELLUDO · AXILA · PLANTA DEL PIE

SECCIÓN DE LA PIEL

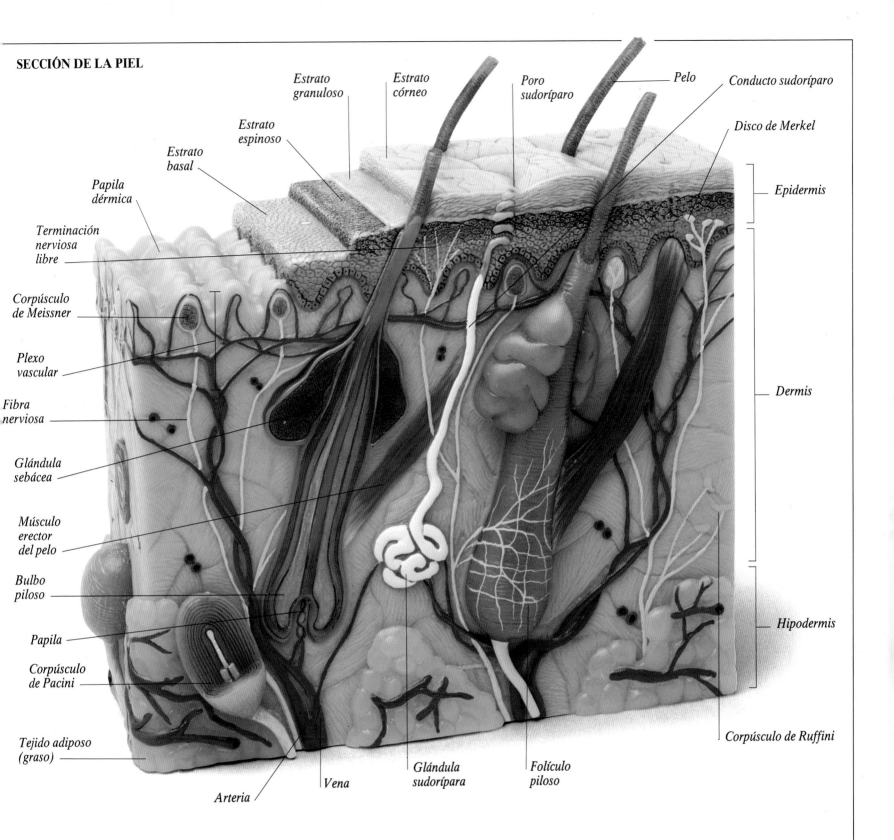

Estrato granuloso

Estrato córneo

Estrato espinoso

Estrato basal

Papila dérmica

Papila dérmica

Terminación nerviosa libre

Corpúsculo de Meissner

Plexo vascular

Fibra nerviosa

Glándula sebácea

Músculo erector del pelo

Bulbo piloso

Papila

Corpúsculo de Pacini

Tejido adiposo (graso)

Arteria

Vena

Glándula sudorípara

Folículo piloso

Poro sudoríparo

Pelo

Conducto sudoríparo

Disco de Merkel

Epidermis

Dermis

Hipodermis

Corpúsculo de Ruffini

MICROFOTOGRAFÍAS DE LA PIEL Y DE LOS PELOS

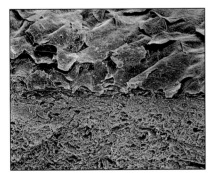

SECCIÓN DE LA PIEL
Las células superficiales de la piel se descaman continuamente.

PORO SUDORÍPARO
Permite la eliminación de líquidos para el control de la temperatura corporal.

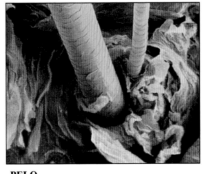

PELO
Los pelos saliendo a través de la capa externa de la piel.

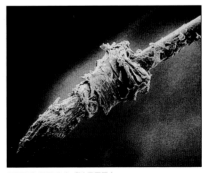

PELO DE LA CABEZA
Raíz y parte de la vaina de un pelo de la cabeza.

Cerebro

El CEREBRO ES EL ÓRGANO MAYOR del sistema nervioso central
y el centro de control para todo el cuerpo, tanto de actividades
voluntarias como involuntarias. También es responsable de la
complejidad del pensamiento, memoria, emociones y lenguaje.
En adultos, este órgano complejo no pesa más de 1.400 gramos
y contiene cerca de 10.000 millones de células nerviosas. Pueden
reconocerse fácilmente tres regiones diferentes: tronco cerebral,
cerebelo y cerebro. El tronco cerebral controla las funciones vitales
del cuerpo humano, tales como respiración y digestión. Las
principales funciones del cerebelo son el mantenimiento de la
postura y la coordinación de movimientos corporales. El cerebro,
que consta de dos hemisferios, el izquierdo y el derecho, unidos
por el cuerpo calloso, es la sede de la mayoría de las actividades
conscientes e inteligentes.

**IMAGEN OBTENIDA POR RESONANCIA MAGNÉTICA
DE UN CORTE TRANSVERSAL DEL CEREBRO**

Sustancia
blanca

Cráneo

Cuero
cabelludo

Sustanci[a]
gris

Ventrículo
lateral

Cisura
longitudinal

Sección
transversal

Sección
sagital

**SECCIÓN SAGITAL
DEL CEREBRO**

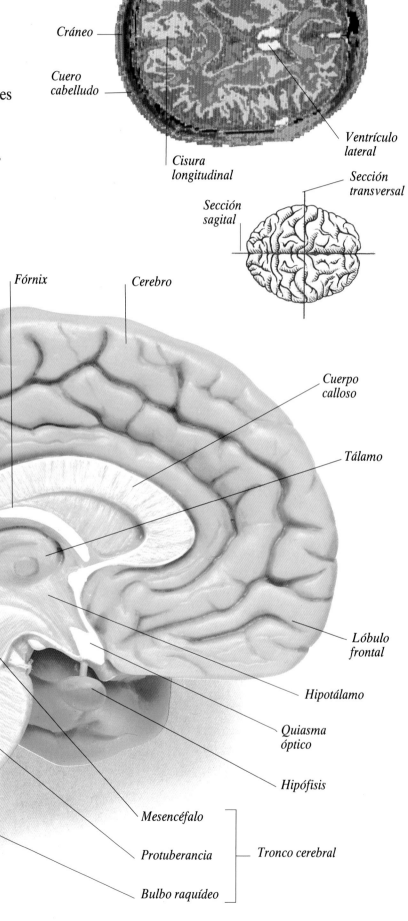

Surco central

Fórnix

Cerebro

Lóbulo parietal

Cuerpo
calloso

Surco parieto-
occipital

Tálamo

Cuerpo
pineal

Lóbulo
occipital

Lóbulo
frontal

Acueducto

Hipotálamo

Cerebelo

Quiasma
óptico

Cuarto ventrículo

Hipófisis

Mesencéfalo

Protuberancia

Tronco cerebral

Médula espinal

Bulbo raquídeo

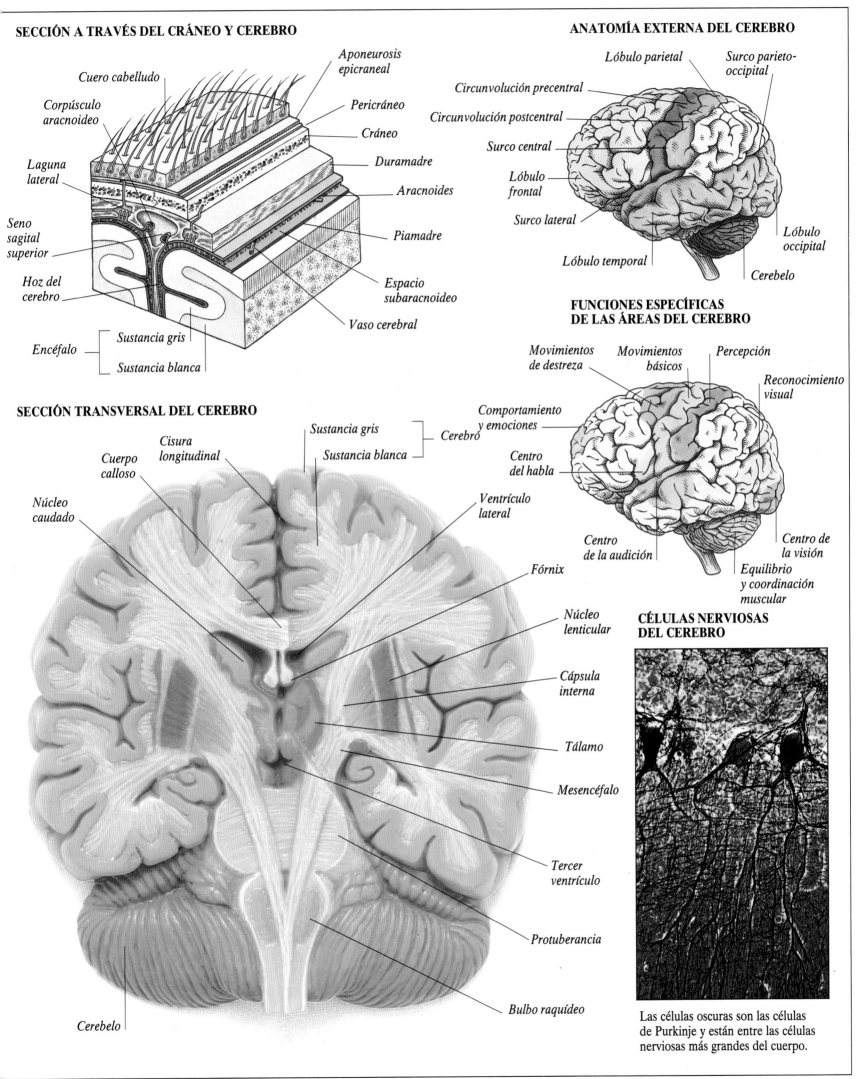

SECCIÓN A TRAVÉS DEL CRÁNEO Y CEREBRO

Cuero cabelludo

Corpúsculo aracnoideo

Laguna lateral

Seno sagital superior

Hoz del cerebro

Aponeurosis epicraneal

Pericráneo

Cráneo

Duramadre

Aracnoides

Piamadre

Espacio subaracnoideo

Vaso cerebral

Encéfalo — Sustancia gris / Sustancia blanca

ANATOMÍA EXTERNA DEL CEREBRO

Lóbulo parietal

Surco parieto-occipital

Circunvolución precentral

Circunvolución postcentral

Surco central

Lóbulo frontal

Surco lateral

Lóbulo temporal

Lóbulo occipital

Cerebelo

FUNCIONES ESPECÍFICAS DE LAS ÁREAS DEL CEREBRO

Movimientos de destreza

Movimientos básicos

Percepción

Reconocimiento visual

Comportamiento y emociones

Cerebro — Sustancia gris / Sustancia blanca

Centro del habla

Centro de la audición

Equilibrio y coordinación muscular

Centro de la visión

SECCIÓN TRANSVERSAL DEL CEREBRO

Cisura longitudinal

Cuerpo calloso

Núcleo caudado

Ventrículo lateral

Fórnix

Núcleo lenticular

Cápsula interna

Tálamo

Mesencéfalo

Tercer ventrículo

Protuberancia

Cerebelo

Bulbo raquídeo

CÉLULAS NERVIOSAS DEL CEREBRO

Las células oscuras son las células de Purkinje y están entre las células nerviosas más grandes del cuerpo.

33

Sistema nervioso

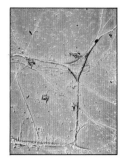

EL SISTEMA NERVIOSO ES UNA RED INTERNA electroquímica de comunicación. Sus partes principales son: el cerebro, la médula espinal y los nervios periféricos. El encéfalo y la médula espinal forman el sistema nervioso central (SNC) y son los centros principales de control y coordinación. Billones de largas neuronas, muchas agrupadas en nervios, constituyen el sistema nervioso periférico, transmitiendo impulsos nerviosos entre el SNC y otras áreas del cuerpo. Cada neurona consta de tres partes: el cuerpo celular, la ramificación dendrítica que recibe señales químicas desde otras neuronas y una estructura como un tubo, el axón, que conduce estas señales como impulsos eléctricos.

SISTEMA NERVIOSO CENTRAL Y PERIFÉRICO

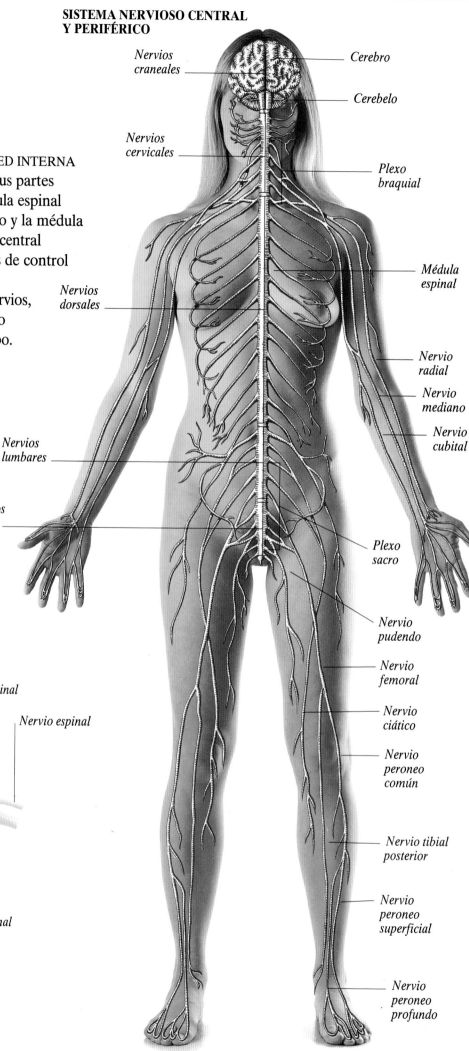

- Nervios craneales
- Cerebro
- Cerebelo
- Nervios cervicales
- Plexo braquial
- Médula espinal
- Nervios dorsales
- Nervio radial
- Nervio mediano
- Nervio cubital
- Nervios lumbares
- Nervios sacros
- Plexo sacro
- Nervio pudendo
- Nervio femoral
- Nervio ciático
- Nervio peroneo común
- Nervio tibial posterior
- Nervio peroneo superficial
- Nervio peroneo profundo

SECCIÓN TRANSVERSAL DE LA MÉDULA ESPINAL

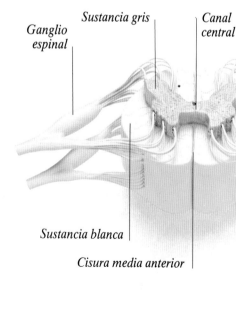

- Ganglio espinal
- Sustancia gris
- Canal central
- Raíz posterior de un nervio espinal
- Nervio espinal
- Sustancia blanca
- Cisura media anterior
- Raíz anterior de un nervio espinal

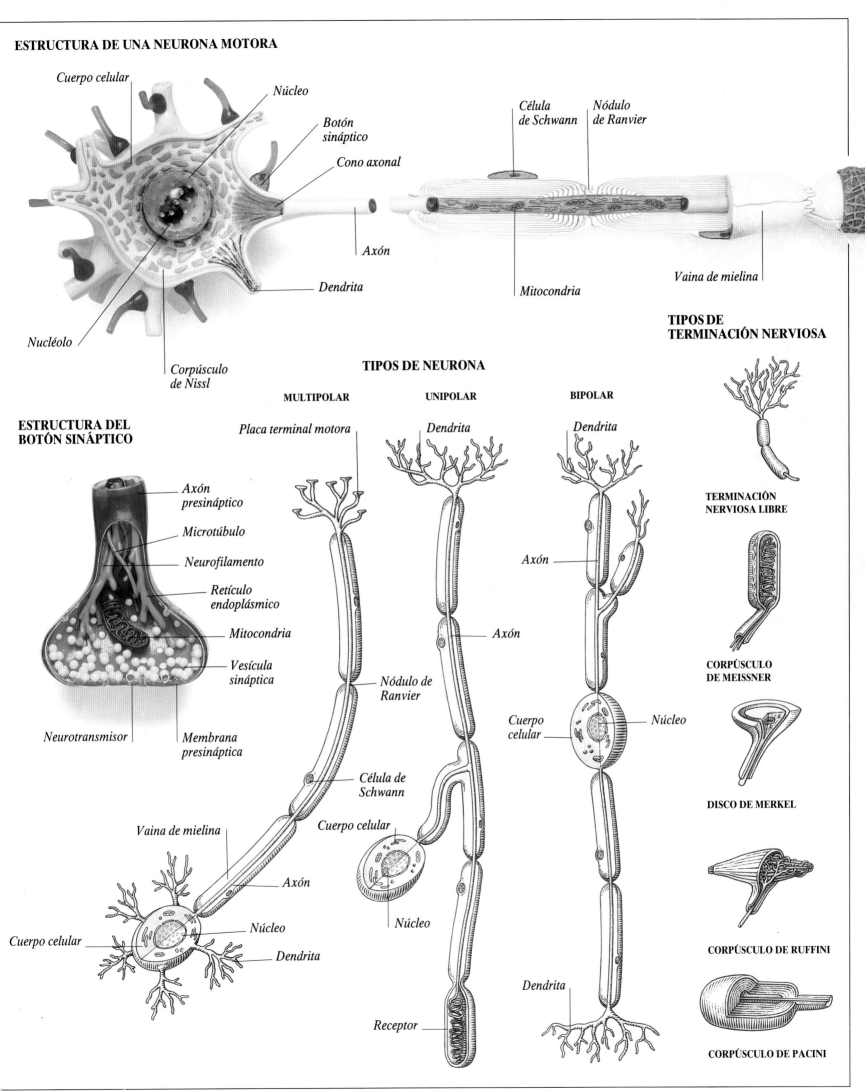

ESTRUCTURA DE UNA NEURONA MOTORA

Cuerpo celular

Núcleo

Botón sináptico

Cono axonal

Axón

Dendrita

Nucléolo

Corpúsculo de Nissl

Célula de Schwann

Nódulo de Ranvier

Mitocondria

Vaina de mielina

TIPOS DE TERMINACIÓN NERVIOSA

ESTRUCTURA DEL BOTÓN SINÁPTICO

Axón presináptico

Microtúbulo

Neurofilamento

Retículo endoplásmico

Mitocondria

Vesícula sináptica

Neurotransmisor

Membrana presináptica

TIPOS DE NEURONA

MULTIPOLAR

Placa terminal motora

Nódulo de Ranvier

Célula de Schwann

Vaina de mielina

Axón

Cuerpo celular

Núcleo

Dendrita

UNIPOLAR

Dendrita

Axón

Cuerpo celular

Núcleo

Receptor

BIPOLAR

Dendrita

Axón

Cuerpo celular

Núcleo

Dendrita

TERMINACIÓN NERVIOSA LIBRE

CORPÚSCULO DE MEISSNER

DISCO DE MERKEL

CORPÚSCULO DE RUFFINI

CORPÚSCULO DE PACINI

35

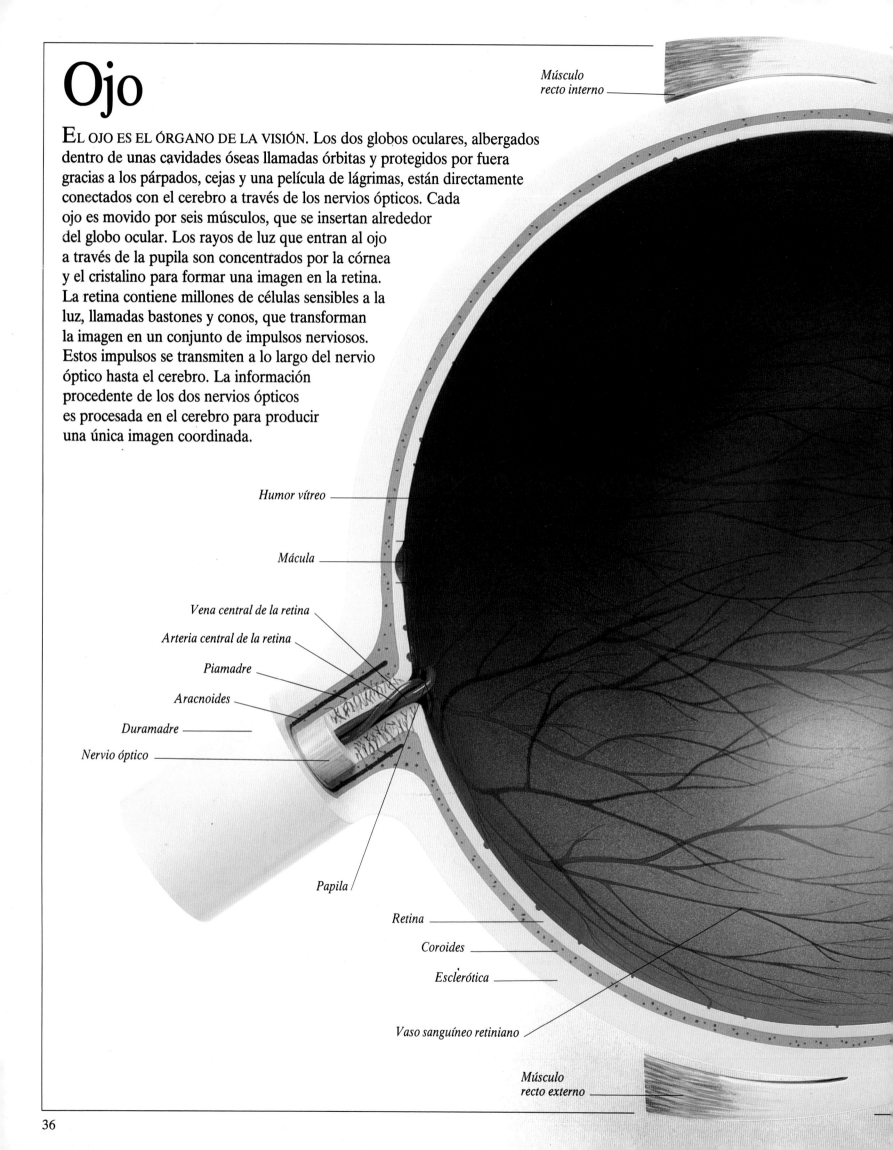

Ojo

EL OJO ES EL ÓRGANO DE LA VISIÓN. Los dos globos oculares, albergados dentro de unas cavidades óseas llamadas órbitas y protegidos por fuera gracias a los párpados, cejas y una película de lágrimas, están directamente conectados con el cerebro a través de los nervios ópticos. Cada ojo es movido por seis músculos, que se insertan alrededor del globo ocular. Los rayos de luz que entran al ojo a través de la pupila son concentrados por la córnea y el cristalino para formar una imagen en la retina. La retina contiene millones de células sensibles a la luz, llamadas bastones y conos, que transforman la imagen en un conjunto de impulsos nerviosos. Estos impulsos se transmiten a lo largo del nervio óptico hasta el cerebro. La información procedente de los dos nervios ópticos es procesada en el cerebro para producir una única imagen coordinada.

Músculo
recto interno

Humor vítreo

Mácula

Vena central de la retina

Arteria central de la retina

Piamadre

Aracnoides

Duramadre

Nervio óptico

Papila

Retina

Coroides

Esclerótica

Vaso sanguíneo retiniano

Músculo
recto externo

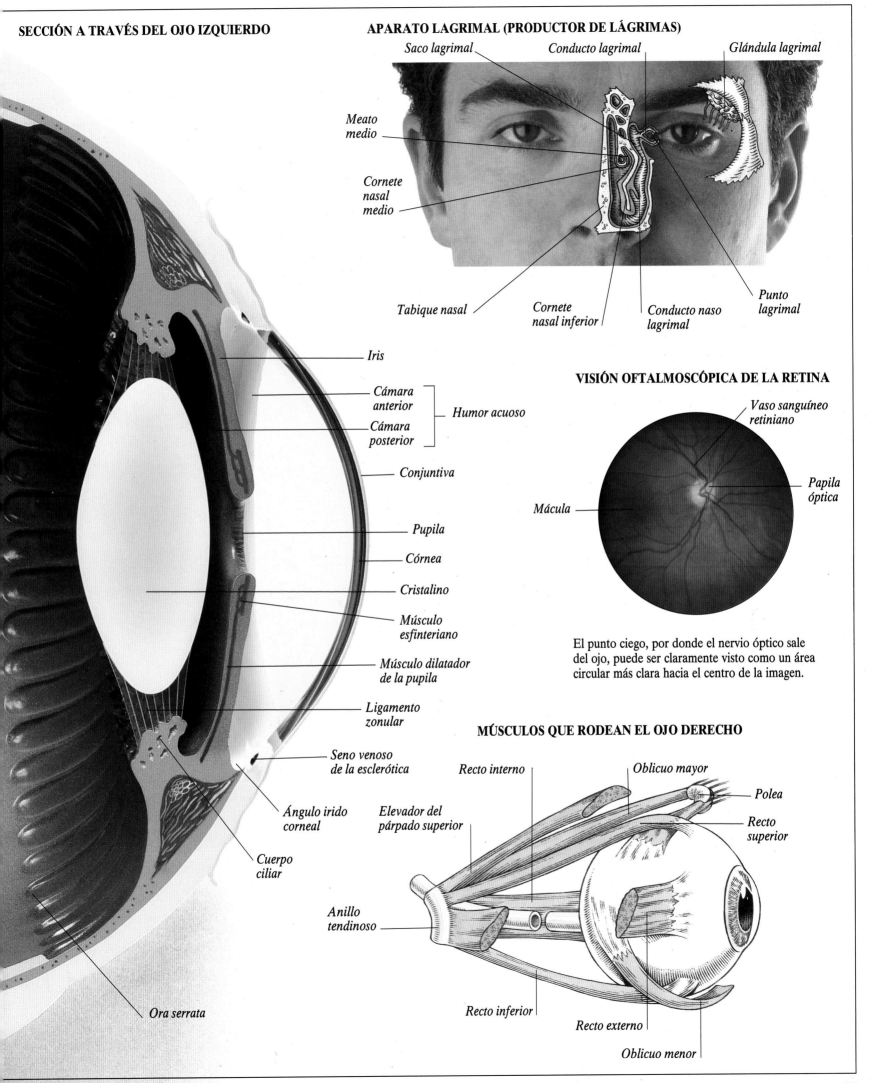

SECCIÓN A TRAVÉS DEL OJO IZQUIERDO

APARATO LAGRIMAL (PRODUCTOR DE LÁGRIMAS)

Saco lagrimal

Conducto lagrimal

Glándula lagrimal

Meato medio

Cornete nasal medio

Tabique nasal

Cornete nasal inferior

Conducto naso lagrimal

Punto lagrimal

Iris

Cámara anterior

Cámara posterior

Humor acuoso

Conjuntiva

Pupila

Córnea

Cristalino

Músculo esfinteriano

Músculo dilatador de la pupila

Ligamento zonular

Seno venoso de la esclerótica

Ángulo irido corneal

Cuerpo ciliar

Ora serrata

VISIÓN OFTALMOSCÓPICA DE LA RETINA

Vaso sanguíneo retiniano

Papila óptica

Mácula

El punto ciego, por donde el nervio óptico sale del ojo, puede ser claramente visto como un área circular más clara hacia el centro de la imagen.

MÚSCULOS QUE RODEAN EL OJO DERECHO

Recto interno

Oblicuo mayor

Polea

Elevador del párpado superior

Recto superior

Anillo tendinoso

Recto inferior

Recto externo

Oblicuo menor

37

Oído

EL OÍDO ES EL ÓRGANO DE LA AUDICIÓN Y DEL EQUILIBRIO. El oído externo consta de un colgajo llamado oreja y del conducto auditivo. Las partes funcionales importantes del oído, medio e interno, se encuentran encerradas dentro del cráneo. El oído medio está compuesto por tres minúsculos huesos, conocidos como osículos auditorios, y la trompa de Eustaquio que une el oído con la parte posterior de la nariz. El oído interno está formado por el caracol en forma de espiral y también por los conductos semicirculares y el vestíbulo, que son los órganos del equilibrio. Las ondas sonoras que entran al oído viajan a través del conducto auditivo hasta la membrana timpánica (tímpano), donde son transformadas en vibraciones que se transmiten a través de los osículos hasta el caracol. Aquí las vibraciones se convierten en señales nerviosas eléctricas por medio de millones de pelos microscópicos para ser interpretadas por el cerebro.

ESTRUCTURA DEL OÍDO

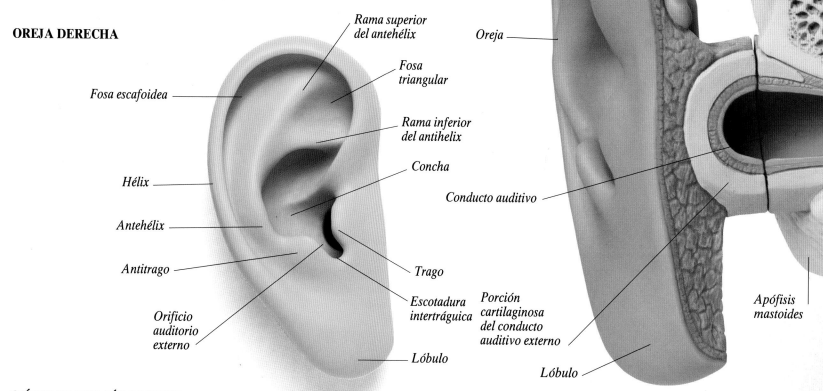

Hueso temporal

Cartílago de la oreja

Oreja

Conducto auditivo

Porción cartilaginosa del conducto auditivo externo

Lóbulo

Apófisis mastoides

OREJA DERECHA

Rama superior del antehélix

Fosa triangular

Rama inferior del antihelix

Concha

Trago

Escotadura intertráguica

Lóbulo

Fosa escafoidea

Hélix

Antehélix

Antitrago

Orificio auditorio externo

OSÍCULOS DEL OÍDO MEDIO

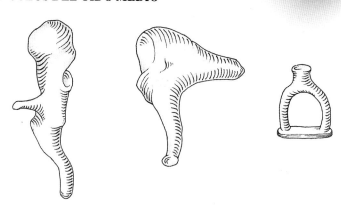

MARTILLO **YUNQUE** **ESTRIBO**

Estos tres pequeños huesos están conectados formando un puente entre la membrana timpánica y la ventana oval. Con un sistema de membranas transmiten las vibraciones sonoras al oído interno.

ESTRUCTURA INTERNA DE LA AMPOLLA

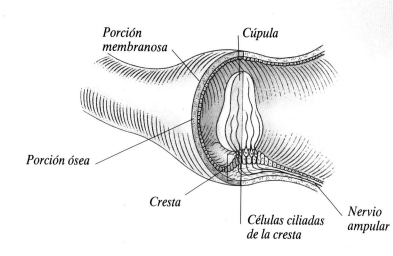

Porción membranosa

Cúpula

Porción ósea

Cresta

Células ciliadas de la cresta

Nervio ampular

LABERINTO

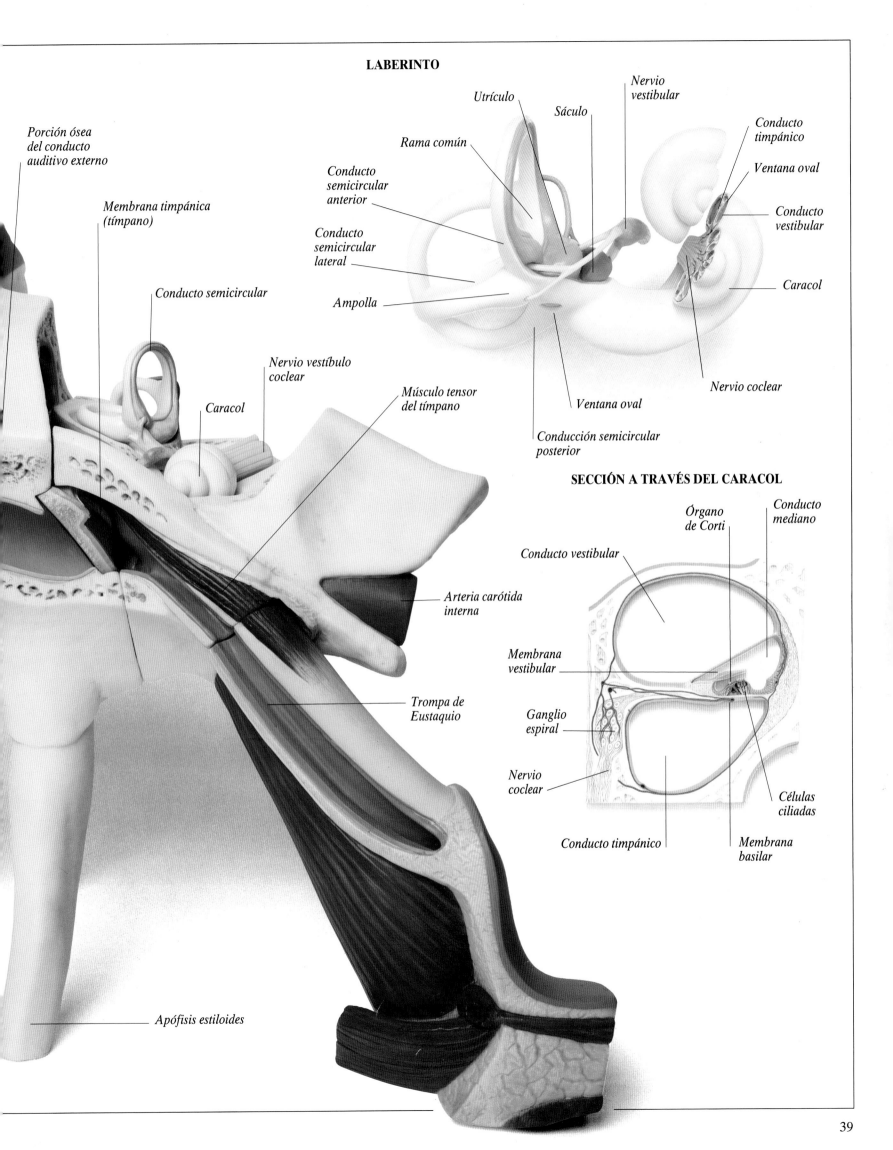

Porción ósea
del conducto
auditivo externo

Membrana timpánica
(tímpano)

Conducto semicircular

Nervio vestíbulo
coclear

Caracol

Músculo tensor
del tímpano

Arteria carótida
interna

Trompa de
Eustaquio

Apófisis estiloides

Utrículo

Rama común

Sáculo

Nervio
vestibular

Conducto
semicircular
anterior

Conducto
semicircular
lateral

Ampolla

Conducto
timpánico

Ventana oval

Conducto
vestibular

Caracol

Nervio coclear

Ventana oval

Conducción semicircular
posterior

SECCIÓN A TRAVÉS DEL CARACOL

Órgano
de Corti

Conducto
mediano

Conducto vestibular

Membrana
vestibular

Ganglio
espiral

Nervio
coclear

Conducto timpánico

Células
ciliadas

Membrana
basilar

39

Nariz, boca y garganta

EN CADA RESPIRACIÓN, el aire pasa a través de la cavidad nasal hacia el interior, a la faringe (garganta), laringe (caja vocal) y tráquea (gaznate), hasta los pulmones. La cavidad nasal entibia y humidifica el aire y las pequeñas capas de su revestimiento interior protegen a la vía aérea de ser dañada por cuerpos extraños. Durante la deglución, la lengua se mueve hacia arriba y atrás, la laringe se eleva, la epiglotis cierra la entrada de la tráquea y el paladar blando separa la cavidad nasal de la faringe. La saliva, secretada por tres pares de glándulas salivares, lubrica los alimentos para hacerlos más fácilmente deglutibles; también inicia el desdoblamiento químico de los alimentos y favorece la degustación. El sentido del gusto y del olfato están muy estrechamente unidos. Ambos dependen de la detección de moléculas disueltas por receptores sensoriales en las terminaciones nerviosas olfatorias de la nariz y en las papilas gustatorias de la lengua.

ESTRUCTURA DE LA LENGUA

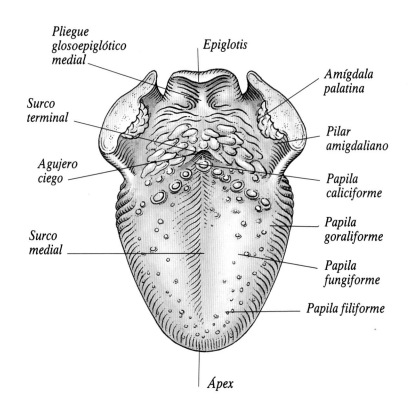

Pliegue glosoepiglótico medial
Epiglotis
Amígdala palatina
Surco terminal
Pilar amigdaliano
Agujero ciego
Papila caliciforme
Papila goraliforme
Surco medial
Papila fungiforme
Papila filiforme
Ápex

ÁREAS DEL GUSTO EN LA LENGUA

Amargo
Ácido
Salado
Dulce

ESTRUCTURAS QUE RODEAN LA FARINGE

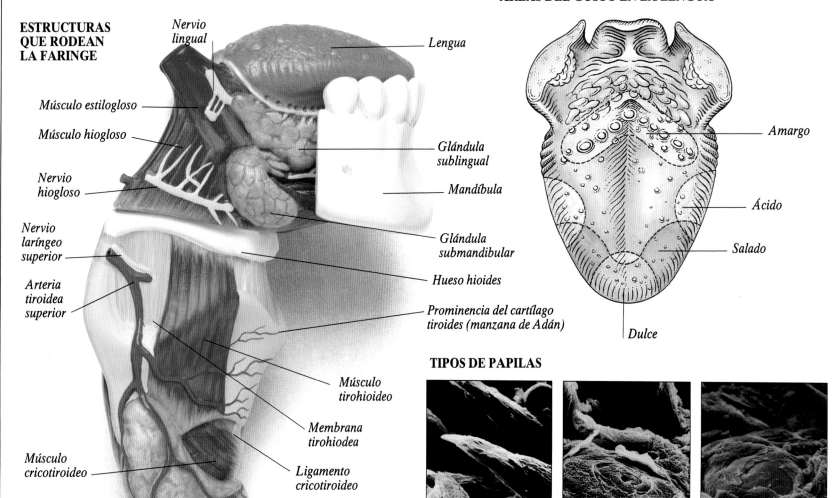

Nervio lingual
Lengua
Músculo estilogloso
Músculo hiogloso
Glándula sublingual
Nervio hiogloso
Mandíbula
Nervio laríngeo superior
Glándula submandibular
Arteria tiroidea superior
Hueso hioides
Prominencia del cartílago tiroides (manzana de Adán)
Músculo tirohioideo
Membrana tirohiodea
Músculo cricotiroideo
Ligamento cricotiroideo
Glándula tiroides
Tráquea

TIPOS DE PAPILAS

PAPILA FILIFORME **PAPILA FUNGIFORME** **PAPILA CALCIFORME**

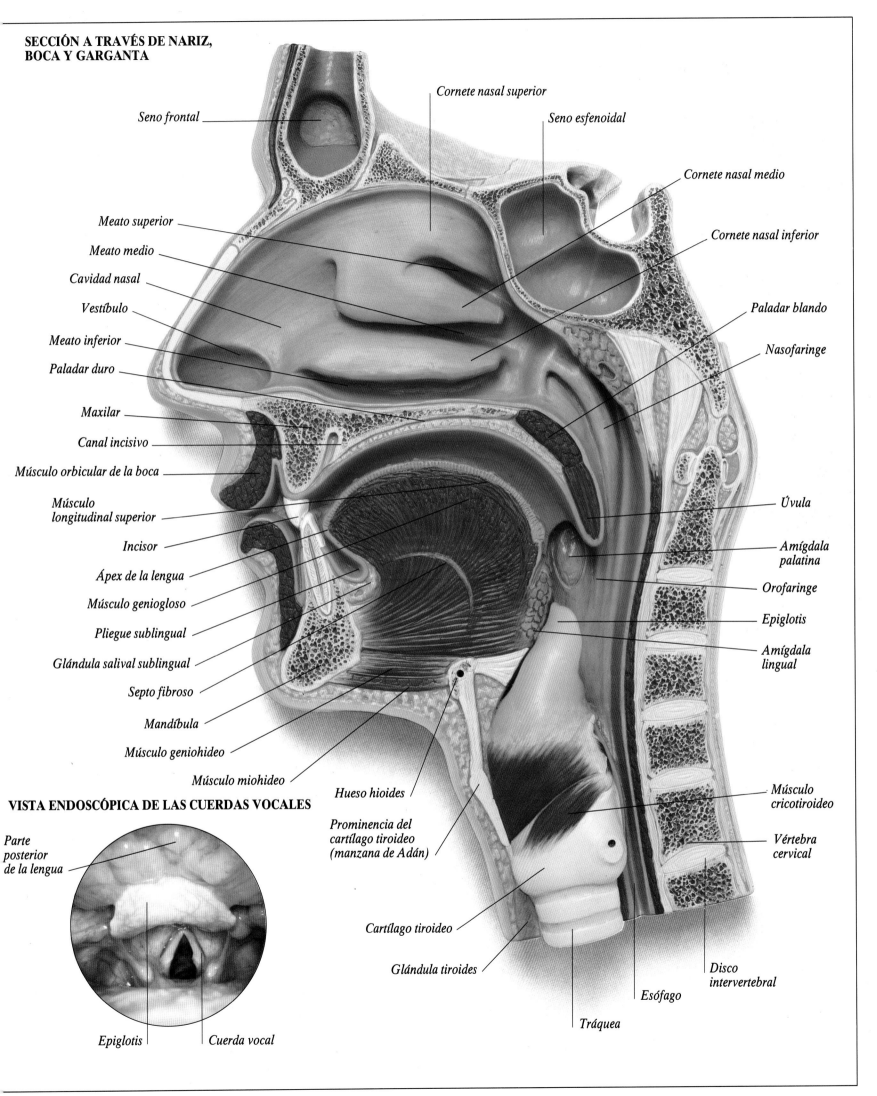

SECCIÓN A TRAVÉS DE NARIZ, BOCA Y GARGANTA

Seno frontal

Cornete nasal superior

Seno esfenoidal

Cornete nasal medio

Meato superior

Meato medio

Cavidad nasal

Cornete nasal inferior

Vestíbulo

Paladar blando

Meato inferior

Nasofaringe

Paladar duro

Maxilar

Canal incisivo

Músculo orbicular de la boca

Úvula

Músculo longitudinal superior

Amígdala palatina

Incisor

Orofaringe

Ápex de la lengua

Músculo geniogloso

Epiglotis

Pliegue sublingual

Amígdala lingual

Glándula salival sublingual

Septo fibroso

Mandíbula

Músculo geniohideo

Músculo miohideo

Músculo cricotiroideo

Hueso hioides

Prominencia del cartílago tiroideo (manzana de Adán)

Vértebra cervical

VISTA ENDOSCÓPICA DE LAS CUERDAS VOCALES

Parte posterior de la lengua

Cartílago tiroideo

Glándula tiroides

Disco intervertebral

Esófago

Tráquea

Epiglotis

Cuerda vocal

41

Dientes

LOS VEINTE DIENTES PRIMEROS (también llamados dientes
de leche) comienzan a salir habitualmente a los 6 meses de edad.
Empiezan a ser reemplazados por los definitivos alrededor de los
6 años de edad. Cerca de los 20 años la mayoría de los adultos
tiene 32 dientes, aunque los molares terceros, llamados del juicio
o cordales, pueden no aparecer nunca. Los dientes ayudan
a hablar claramente y dan forma a la cara, pero su función
principal consiste en masticar los alimentos. Los incisivos
y caninos cortan y desgarran los alimentos en trozos pequeños;
los premolares y molares trituran y muelen. Aunque el esmalte
dental es la sustancia más dura del organismo, tiende a ser
erosionado y destruido por el ácido producido en la boca durante
la desintegración de los alimentos.

DESARROLLO DE LOS DIENTES EN EL FETO

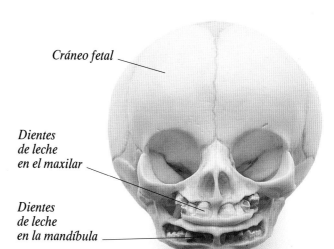

Cráneo fetal

*Dientes
de leche
en el maxilar*

*Dientes
de leche
en la mandíbula*

MANDÍBULA FETAL
En la sexta semana del desarrollo embrionario aparecen áreas
de engrosamiento en ambos maxilares. Estas áreas dan origen
al tejido germinal dentario. Cuando el feto cumple 6 meses,
el esmalte aparece sobre esa matriz dentaria.

DESARROLLO DE LOS MAXILARES Y DE LOS DIENTES

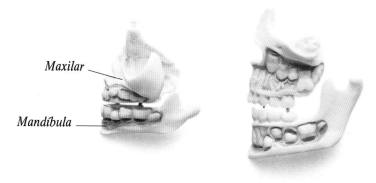

Maxilar

Mandíbula

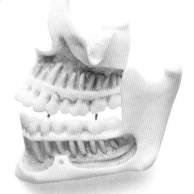

MAXILARES DE UN RECIÉN NACIDO
Los dientes de leche se van
desarrollando en los huecos maxilares;
comienzan a aparecer a los seis meses
de edad.

DIENTES EN UN NIÑO DE 5 AÑOS
Ha completado los 20 dientes de leche.
Los dientes permanentes se pueden
ver en ambos maxilares en período
de desarrollo.

DIENTES EN UN NIÑO DE 9 AÑOS
La mayoría de los dientes son de leche,
pero los incisivos y los primeros
molares definitivos ya han comenzado
a aparecer.

DIENTES DEL ADULTO
A la edad de 20 años se ve la dentadura
completa de 32 dientes definitivos,
incluyendo los del juicio, que debieran
estar en su sitio.

DIENTES DEFINITIVOS

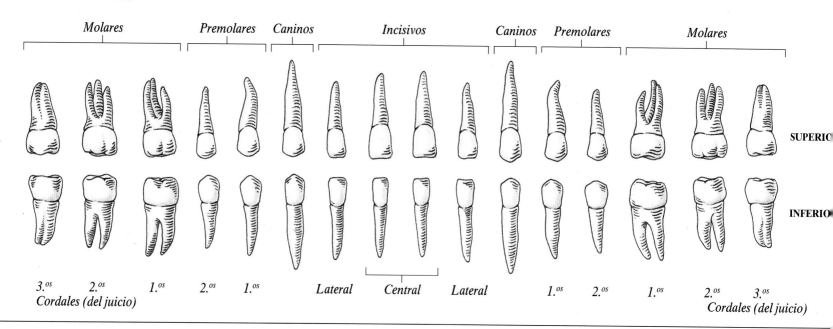

Molares — Premolares — Caninos — Incisivos — Caninos — Premolares — Molares

SUPERIOR

INFERIOR

3.os 2.os 1.os   2.os 1.os   Lateral Central Lateral   1.os 2.os   1.os 2.os 3.os
Cordales (del juicio)   Cordales (del juicio)

ESTRUCTURA DE UN DIENTE

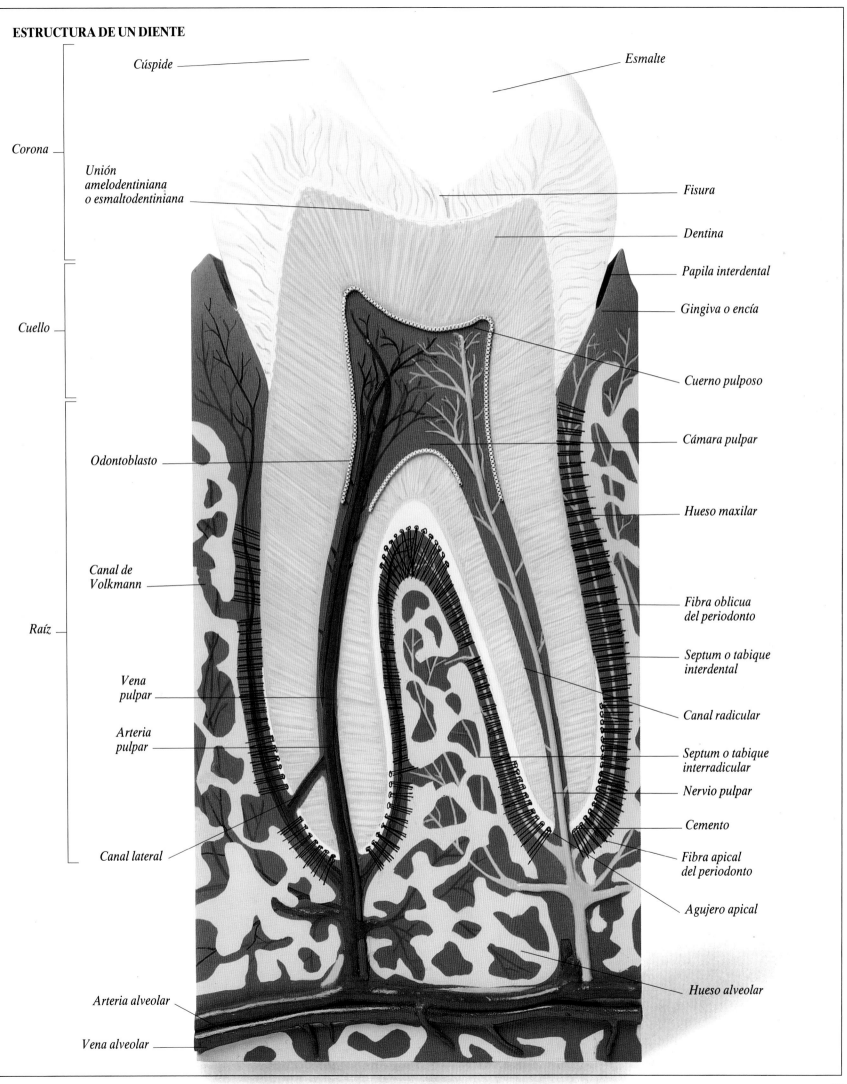

Cúspide

Esmalte

Corona

Unión
amelodentiniana
o esmaltodentiniana

Fisura

Dentina

Papila interdental

Cuello

Gingiva o encía

Cuerno pulposo

Cámara pulpar

Odontoblasto

Hueso maxilar

Canal de
Volkmann

Fibra oblicua
del periodonto

Septum o tabique
interdental

Raíz

Vena
pulpar

Canal radicular

Arteria
pulpar

Septum o tabique
interradicular

Nervio pulpar

Cemento

Canal lateral

Fibra apical
del periodonto

Agujero apical

Hueso alveolar

Arteria alveolar

Vena alveolar

Aparato digestivo 1

EL APARATO DIGESTIVO CONVIERTE LOS ALIMENTOS en partículas tan pequeñas que la sangre las puede llevar como nutrientes a todas las partes del cuerpo. El elemento principal es un tubo de 9 metros que se extiende desde la boca hasta el recto; un sistema muscular a lo largo de todo este canal permite la progresión de los alimentos. Los alimentos masticados viajan a través del esófago al estómago, el cual los mezcla y los licua antes de pasarlos al duodeno, yeyuno e íleon, que constituyen las tres partes del intestino delgado, caracterizado por sus innumerables asas intestinales. Aquí, los jugos provenientes de la vesícula biliar y del páncreas desdoblan los alimentos en partículas, que son filtradas a la sangre a través de pequeñas vellosidades en forma de dedo que posee el intestino delgado en su pared interna. Los alimentos no digeridos ni absorbidos forman las heces en el intestino grueso, siendo expulsadas a través del ano.

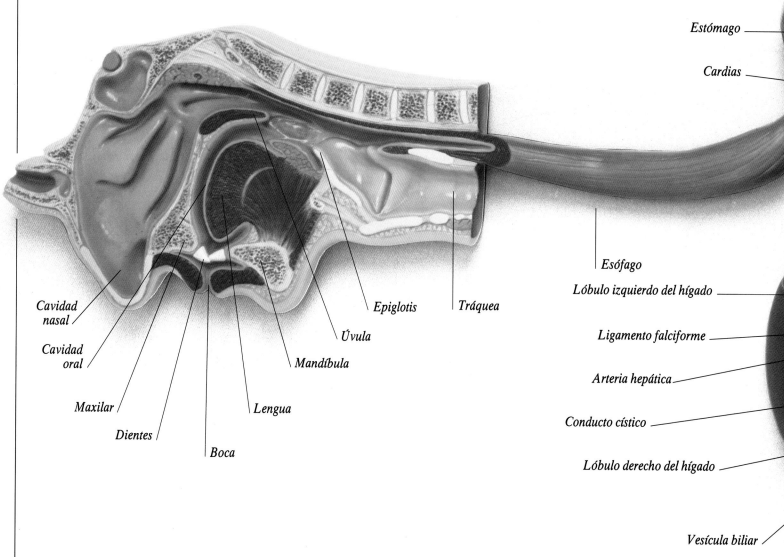

Estómago

Cardias

Esófago

Lóbulo izquierdo del hígado

Ligamento falciforme

Arteria hepática

Conducto cístico

Lóbulo derecho del hígado

Vesícula biliar

Cavidad nasal

Cavidad oral

Maxilar

Dientes

Boca

Lengua

Mandíbula

Úvula

Epiglotis

Tráquea

**VISTA ENDOSCÓPICA
DEL APARATO DIGESTIVO**

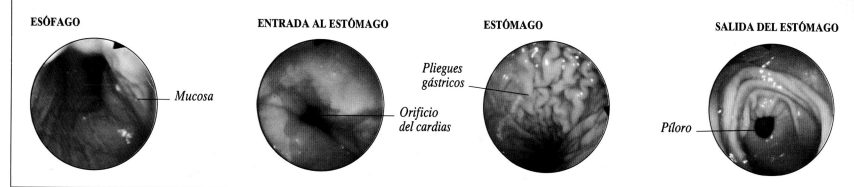

ESÓFAGO

Mucosa

ENTRADA AL ESTÓMAGO

Orificio del cardias

ESTÓMAGO

Pliegues gástricos

SALIDA DEL ESTÓMAGO

Píloro

44

TUBO DIGESTIVO

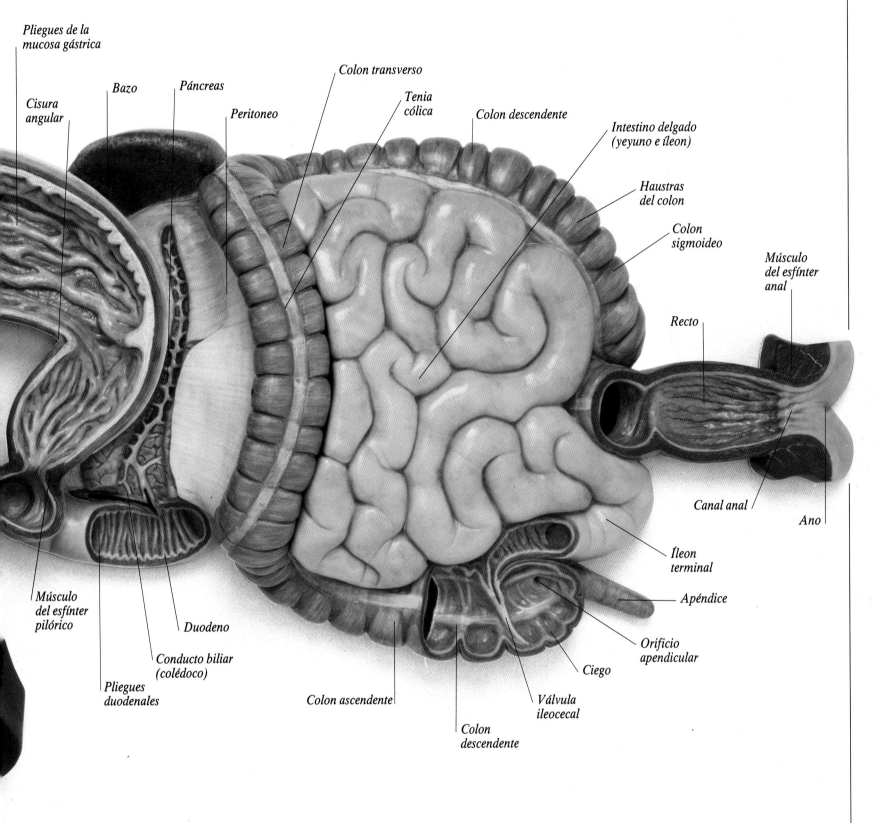

Pliegues de la
mucosa gástrica

Cisura
angular

Bazo

Páncreas

Peritoneo

Colon transverso

Tenia
cólica

Colon descendente

Intestino delgado
(yeyuno e íleon)

Haustras
del colon

Colon
sigmoideo

Músculo
del esfínter
anal

Recto

Músculo
del esfínter
pilórico

Duodeno

Conducto biliar
(colédoco)

Pliegues
duodenales

Colon ascendente

Colon
descendente

Válvula
ileocecal

Ciego

Orificio
apendicular

Íleon
terminal

Apéndice

Canal anal

Ano

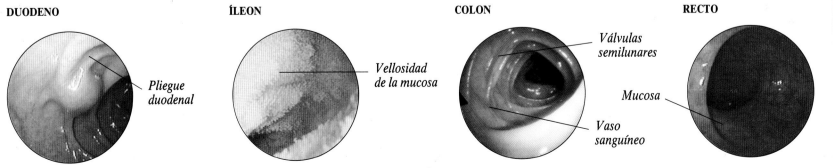

DUODENO

Pliegue
duodenal

ÍLEON

Vellosidad
de la mucosa

COLON

Válvulas
semilunares

Vaso
sanguíneo

RECTO

Mucosa

Aparato digestivo 2

ANATOMÍA EXTERNA DEL ESTÓMAGO

Ramas del nervio vago
Esófago
Fibras musculares circulares
Fibras musculares longitudinales
Fibras musculares oblicuas
Píloro
Duodeno
Rama de la arteria gástrica
Fundus
Zona cardial
Cuerpo
Curvadura mayor
Curvadura menor
Peritoneo

SECCIÓN HEPÁTICA

Vena cava inferior
Vena porta
Lóbulo izquierdo
Arteria hepática
Conducto hepático común
Ligamento falciforme
Lóbulo cuadrado
Conducto cístico
Lóbulo derecho
Vesícula biliar
Colédoco

ESTRUCTURA DEL TUBO DIGESTIVO
SECCIÓN DE LA PARED ESOFÁGICA

Adventicia
Fibras nerviosas del plexo submucoso
Capa circular
Capa longitudinal
Vaso sanguíneo
Muscular de la mucosa
Lámina propia
Muscular
Submucosa
Mucosa
Epitelio
Glándula de la mucosa

SECCIÓN DE LA PARED GÁSTRICA

Capa muscular oblicua
Capa muscular longidutinal
Serosa
Capa muscular circular
Muscular de la mucosa
Lámina propia
Muscular
Submucosa
Mucosa
Epitelio
Cripta gástrica

SECCIÓN DE LA PARED DUODENAL

Colédoco
Capa muscular longitudinal
Plexo nervioso
Capa muscular circular
Cripta submucosa
Muscular de la mucosa
Lámina propia
Muscular
Submucosa
Mucosa
Vellosidad intestinal
Epitelio

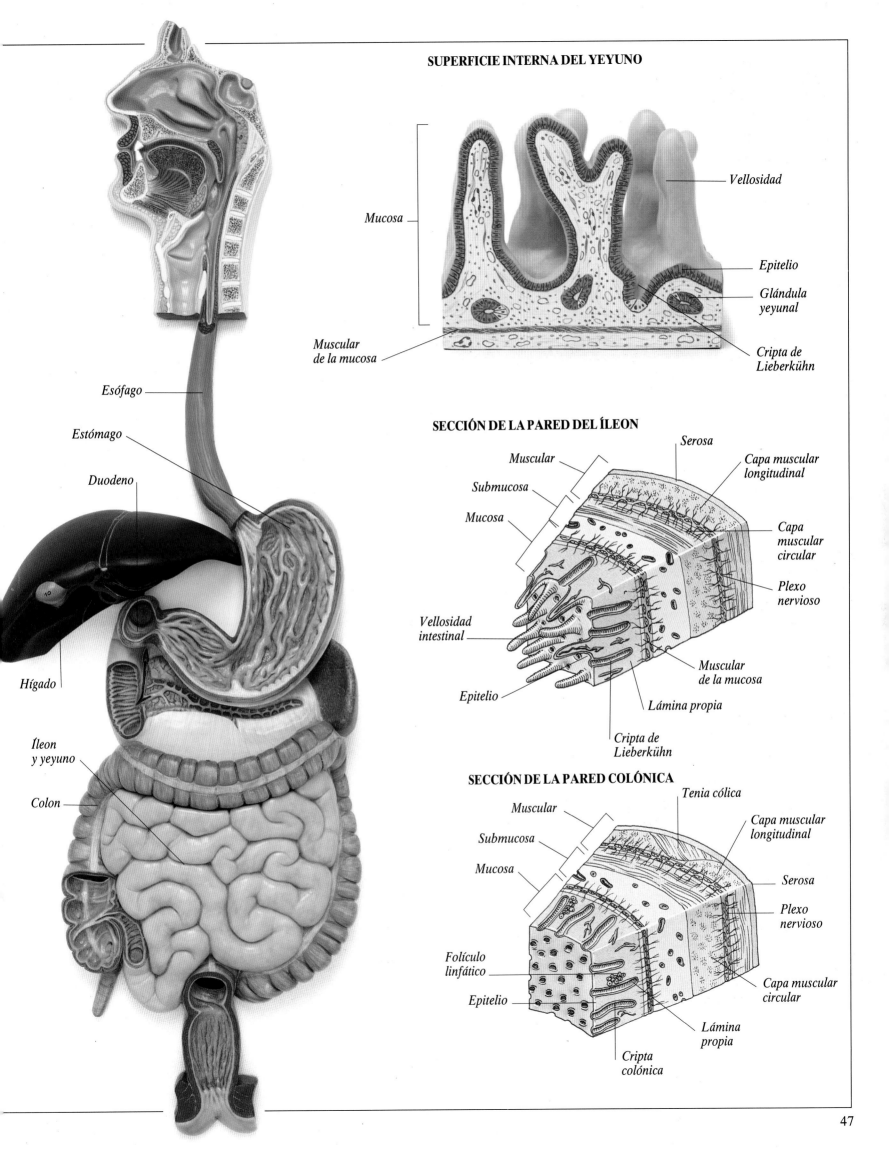

SUPERFICIE INTERNA DEL YEYUNO

Mucosa

Vellosidad

Epitelio

Glándula
yeyunal

Muscular
de la mucosa

Cripta de
Lieberkühn

Esófago

Estómago

Duodeno

Hígado

Íleon
y yeyuno

Colon

SECCIÓN DE LA PARED DEL ÍLEON

Muscular

Submucosa

Mucosa

Serosa

Capa muscular
longitudinal

Capa
muscular
circular

Plexo
nervioso

Vellosidad
intestinal

Epitelio

Muscular
de la mucosa

Lámina propia

Cripta de
Lieberkühn

SECCIÓN DE LA PARED COLÓNICA

Muscular

Submucosa

Mucosa

Tenia cólica

Capa muscular
longitudinal

Serosa

Plexo
nervioso

Folículo
linfático

Epitelio

Capa muscular
circular

Lámina
propia

Cripta
colónica

Corazón

EL CORAZÓN ES UN MÚSCULO HUECO, situado en el centro del tórax, que bombea sangre hacia todo el cuerpo, suministrando a las células oxígeno y sustancias nutritivas. Una pared muscular, llamada septo, divide a lo largo al corazón en dos partes: derecha e izquierda. En cada parte una válvula la divide en dos cámaras: una superior llamada aurícula y otra inferior llamada ventrículo. Cuando el músculo cardiaco se contrae, bombea sangre a través de las aurículas y posteriormente de los ventrículos. La sangre oxigenada que proviene de los pulmones afluye a la aurícula izquierda por medio de las venas pulmonares; a continuación, a través del ventrículo izquierdo, se dirige por la aorta a todo el organismo. La sangre sin oxígeno que retorna de todo el cuerpo llega a través de la vena cava a la aurícula derecha y por medio del ventrículo derecho se dirige vía la arteria pulmonar a los pulmones para volver a ser oxigenada. En reposo, el corazón se contrae entre 60 y 80 veces por minuto; durante el ejercicio o en situaciones de excitación o ansiedad, la frecuencia cardiaca puede aumentar hasta 200 latidos por minuto.

ARTERIAS Y VENAS QUE RODEAN EL CORAZÓN

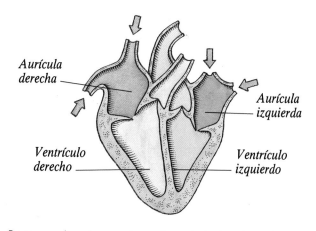

Aorta

Arteria coronaria izquierda

Vena cardiaca

Arteria coronaria derecha

Seno coronario

Rama principal de la arteria coronaria izquierda

SECCIÓN A TRAVÉS DE LA PARED DEL CORAZÓN

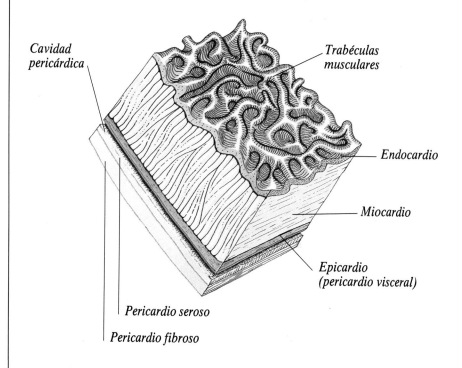

Cavidad pericárdica

Trabéculas musculares

Endocardio

Miocardio

Epicardio (pericardio visceral)

Pericardio seroso

Pericardio fibroso

SECUENCIA DEL LATIDO CARDIACO

DIÁSTOLE AURICULAR

Aurícula derecha

Aurícula izquierda

Ventrículo derecho

Ventrículo izquierdo

La sangre sin oxígeno entra en la aurícula derecha, mientras que la aurícula izquierda recibe sangre oxigenada.

ESTRUCTURA DEL CORAZÓN

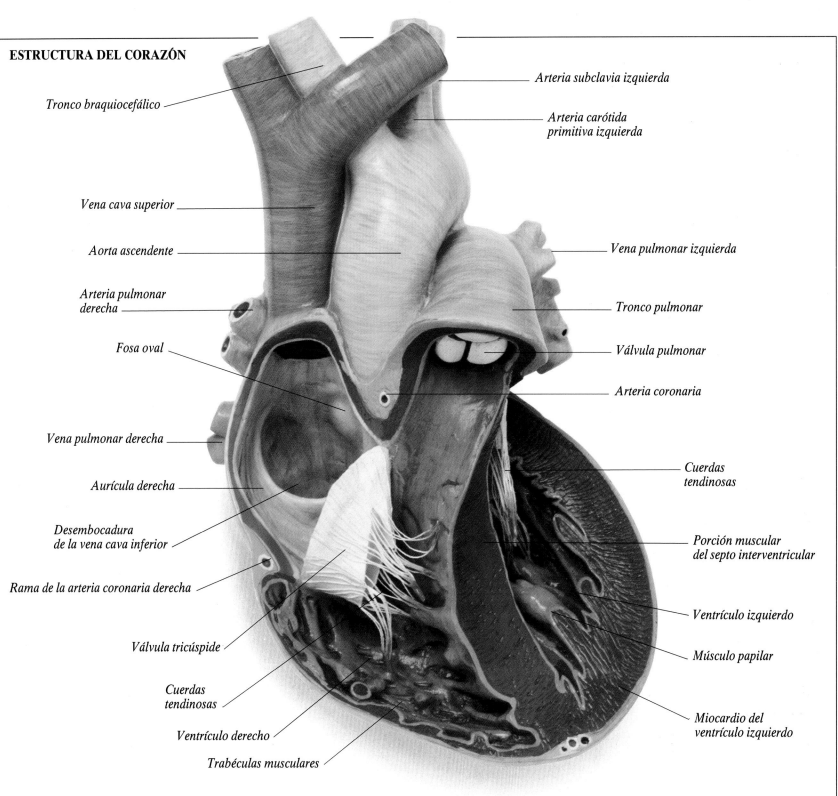

Tronco braquiocefálico

Arteria subclavia izquierda

Arteria carótida primitiva izquierda

Vena cava superior

Aorta ascendente

Vena pulmonar izquierda

Arteria pulmonar derecha

Tronco pulmonar

Fosa oval

Válvula pulmonar

Arteria coronaria

Vena pulmonar derecha

Cuerdas tendinosas

Aurícula derecha

Desembocadura de la vena cava inferior

Porción muscular del septo interventricular

Rama de la arteria coronaria derecha

Ventrículo izquierdo

Músculo papilar

Válvula tricúspide

Cuerdas tendinosas

Miocardio del ventrículo izquierdo

Ventrículo derecho

Trabéculas musculares

SÍSTOLE AURICULAR (DIÁSTOLE VENTRICULAR)

SÍSTOLE VENTRICULAR

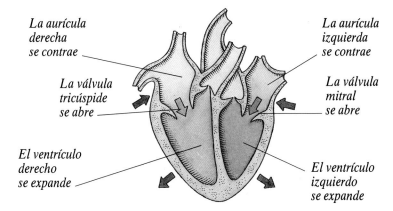

La aurícula derecha se contrae

La aurícula izquierda se contrae

La válvula tricúspide se abre

La válvula mitral se abre

El ventrículo derecho se expande

El ventrículo izquierdo se expande

Las aurículas izquierda y derecha se contraen, impulsando a la sangre hacia los ventrículos relajados.

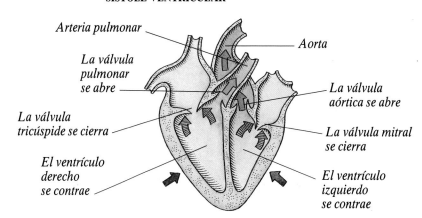

Arteria pulmonar

Aorta

La válvula pulmonar se abre

La válvula aórtica se abre

La válvula tricúspide se cierra

La válvula mitral se cierra

El ventrículo derecho se contrae

El ventrículo izquierdo se contrae

Los ventrículos se contraen impulsando la sangre hacia los pulmones para su oxigenación y, a través de la aorta, hacia el resto del organismo.

Aparato circulatorio

EL APARATO CIRCULATORIO consta del corazón y de los vasos sanguíneos, que mantienen conjuntamente un flujo continuo de sangre por todo el organismo. El corazón bombea sangre rica en oxígeno desde los pulmones a todas las partes del cuerpo a través de una red de tuberías llamadas arterias y de ramas más pequeñas llamadas arteriolas. La sangre retorna al corazón a través de pequeños vasos llamados vénulas, que desembocan en tuberías mayores llamadas venas. Las arteriolas y las vénulas están unidas por una red de pequeños tubos llamados capilares, en los que tiene lugar el intercambio de oxígeno y dióxido de carbono entre la sangre y las células del organismo. La sangre tiene cuatro componentes principales: hematíes, leucocitos, plaquetas y plasma líquido.

SISTEMA ARTERIAL DEL CEREBRO

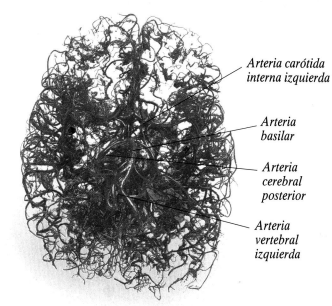

Arteria carótida interna izquierda

Arteria basilar

Arteria cerebral posterior

Arteria vertebral izquierda

SISTEMA CIRCULATORIO DEL CORAZÓN Y LOS PULMONES

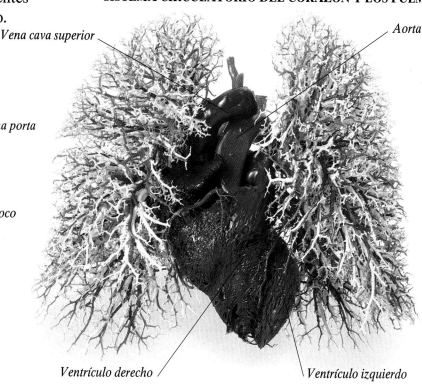

Vena cava superior

Aorta

Ventrículo derecho

Ventrículo izquierdo

SISTEMA CIRCULATORIO DEL HÍGADO

Vena cava inferior

Vena porta

Colédoco

Arteria hepática

Vesícula biliar

SECCIÓN DE UNA ARTERIA PRINCIPAL

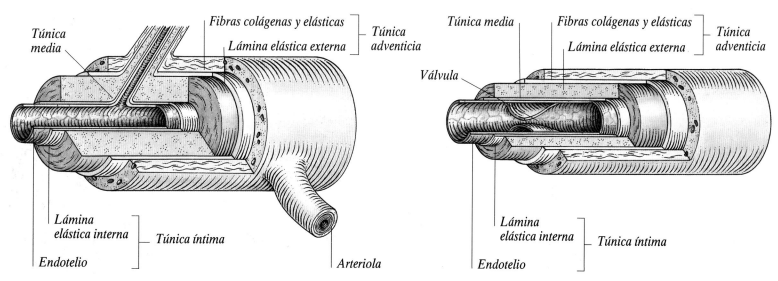

Túnica media

Fibras colágenas y elásticas

Lámina elástica externa

Túnica adventicia

Lámina elástica interna

Túnica íntima

Endotelio

Arteriola

SECCIÓN DE UNA VENA PRINCIPAL

Túnica media

Fibras colágenas y elásticas

Lámina elástica externa

Túnica adventicia

Válvula

Lámina elástica interna

Túnica íntima

Endotelio

PRINCIPALES ARTERIAS Y VENAS
DEL APARATO CIRCULATORIO

Arteria carótida primitiva

Arteria subclavia

Arco aórtico

Arteria axilar

Arteria pulmonar

Arteria coronaria

Arteria braquial

Arteria gástrica

Arteria hepática

Arteria esplénica

Arteria mesentérica superior

Arteria radial

Arteria cubital

Arco palmar

Arteria digital

Arteria iliaca común

Arteria iliaca externa

Arteria iliaca interna

Arteria femoral

Arteria poplítea

Arteria peronea

Arteria tibial anterior

Arteria tibial posterior

Arteria plantar externa

Arteria intermetatarsiana

Vena yugular interna

Vena braquiocefálica

Vena subclavia

Vena axilar

Vena cefálica

Vena cava superior

Vena pulmonar

Vena basílica

Vena porta hepática

Vena cubital media

Vena cava inferior

Vena mediana anterior

Vena gastroepiploica

Vena palmar

Vena digital

Vena mesentérica inferior

Vena mesentérica superior

Vena iliaca común

Vena iliaca externa

Vena iliaca interna

Vena femoral

Vena safena interna

Vena safena externa

Arco venoso dorsal

Vena digital

TIPOS DE CÉLULAS SANGUÍNEAS

HEMATÍES
Estas células son de forma bicóncava para aumentar al máximo su capacidad de transportar oxígeno.

LEUCOCITOS
Los linfocitos son los leucocitos más pequeños; producen anticuerpos contra diversas enfermedades.

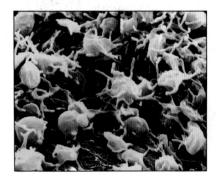

PLAQUETAS
Son células pequeñas que se activan siempre que sea necesaria la coagulación de la sangre o la reparación de los vasos sanguíneos.

COAGULACIÓN DE LA SANGRE

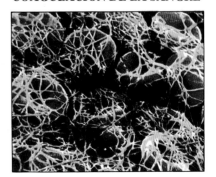

Los filamentos de fibrina forman una malla alrededor de los hematíes durante el proceso de coagulación de la sangre.

Aparato respiratorio

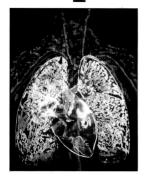

EL APARATO RESPIRATORIO aporta el oxígeno que necesitan las células del organismo y elimina el dióxido de carbono de desecho. El aire inhalado pasa por la tráquea (conducto aéreo principal) y posteriormente a través de dos tubos más estrechos, llamados bronquios, hacia los pulmones. Cada pulmón está formado por múltiples conductos pequeños ramificados, denominados bronquiolos, que finalizan en reducidas cámaras arracimadas llamadas alvéolos. Los gases atraviesan las finas paredes alveolares en sentido bidireccional hacia y desde una red de pequeños vasos sanguíneos. Los músculos intercostales y el diafragma, por la parte inferior, abrazan a los pulmones a manera de fuelles, haciendo entrar el aire e impulsándolo fuera a intervalos regulares.

BRONQUIOLO Y ALVÉOLO

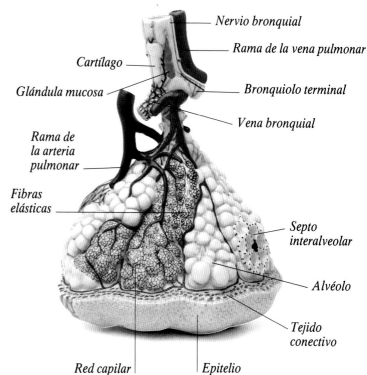

- Nervio bronquial
- Rama de la vena pulmonar
- Cartílago
- Glándula mucosa
- Bronquiolo terminal
- Vena bronquial
- Rama de la arteria pulmonar
- Fibras elásticas
- Septo interalveolar
- Alvéolo
- Tejido conectivo
- Red capilar
- Epitelio

SEGMENTOS DEL ÁRBOL BRONQUIAL

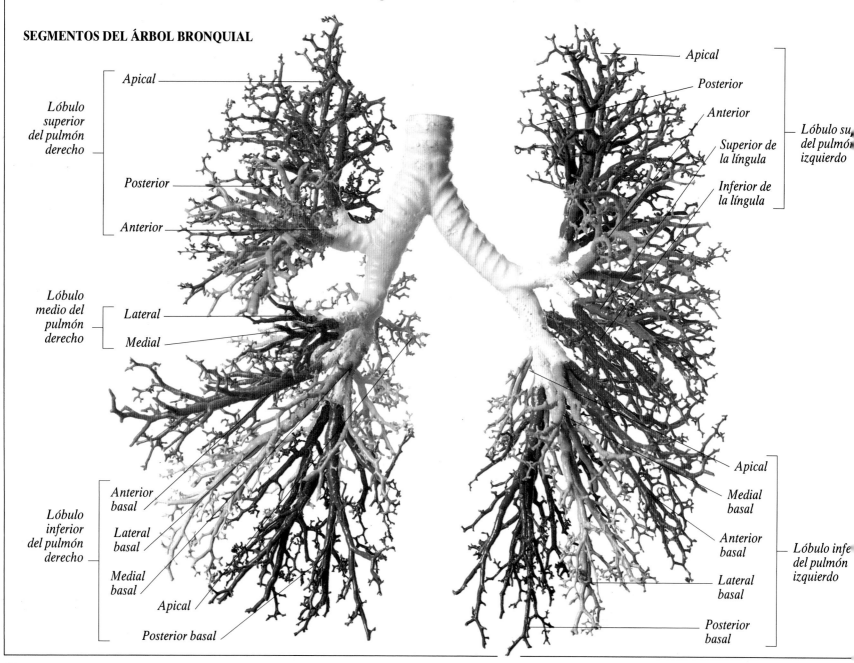

- Lóbulo superior del pulmón derecho
  - Apical
  - Posterior
  - Anterior
- Lóbulo medio del pulmón derecho
  - Lateral
  - Medial
- Lóbulo inferior del pulmón derecho
  - Anterior basal
  - Lateral basal
  - Medial basal
  - Apical
  - Posterior basal

- Apical
- Posterior
- Anterior
- Superior de la língula
- Inferior de la língula
- Lóbulo su_ del pulmó_ izquierdo
- Apical
- Medial basal
- Anterior basal
- Lateral basal
- Posterior basal
- Lóbulo infe_ del pulmón izquierdo

Epiglotis

Hueso hioides

Cartílago tiroides

Glándula tiroides

Cartílago cricoides

Vértice del pulmón

Tráquea

Vena cava superior

Aorta

Lóbulo superior del pulmón derecho

Lóbulo superior del pulmón izquierdo

Cisura horizontal

Tronco pulmonar

Cisura oblicua

Arteria pulmonar izquierda

Corazón

Lóbulo inferior del pulmón izquierdo

Bronquio de segundo orden

Bronquio de tercer orden

Lóbulo inferior del pulmón derecho

Lóbulo medio del pulmón derecho

Pilar derecho del diafragma

Aorta abdominal

Pilar izquierdo del diafragma

Esófago

Región muscular del diafragma

El oxígeno se difunde a la sangre

Sangre oxigenada

Alvéolo

Sangre desoxigenada, rica en dióxido de carbono

El dióxido de carbono se difunde desde la sangre al alvéolo

MECANISMO DE LA RESPIRACIÓN
INSPIRACIÓN

El pulmón se expande

El aire entra en los pulmones

El diafragma se contrae y se aplana

Los músculos intercostales se contraen

ESPIRACIÓN

El pulmón se retrae

El aire se expulsa fuera de los pulmones

El disfragma se relaja, desplazándose hacia arriba

Los músculos intercostales se relajan

53

Sistema urinario

EL SISTEMA URINARIO FILTRA LOS PRODUCTOS de desecho de la sangre y los extrae del cuerpo a través de un sistema de tubos. La sangre es filtrada en los dos riñones, que son órganos del tamaño de un puño y forma de judía. Las arterias renales llevan la sangre a los riñones; las venas renales extraen la sangre después del filtrado. Cada riñón contiene alrededor de un millón de minúsculas unidades llamadas nefronas. Cada nefrona consta de un túbulo y una unidad filtrante llamada glomérulo, que consiste en una colección de pequeños vasos sanguíneos rodeados por una envoltura llamada cápsula de Bowman. El proceso de filtración produce un fluido acuoso que sale del riñón como orina. La orina es transportada a la vegija a través de dos tubos llamados uréteres, donde es almacenada hasta su eliminación del cuerpo a través de otro conducto llamado uretra.

SISTEMA ARTERIAL DE LOS RIÑONES

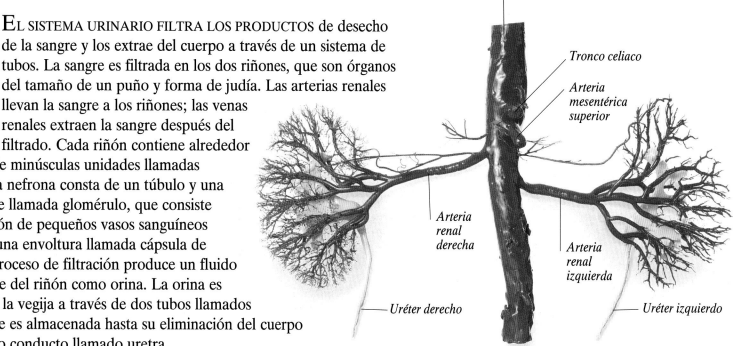

SECCIÓN A TRAVÉS DEL RIÑÓN IZQUIERDO

SECCIÓN DEL RIÑÓN

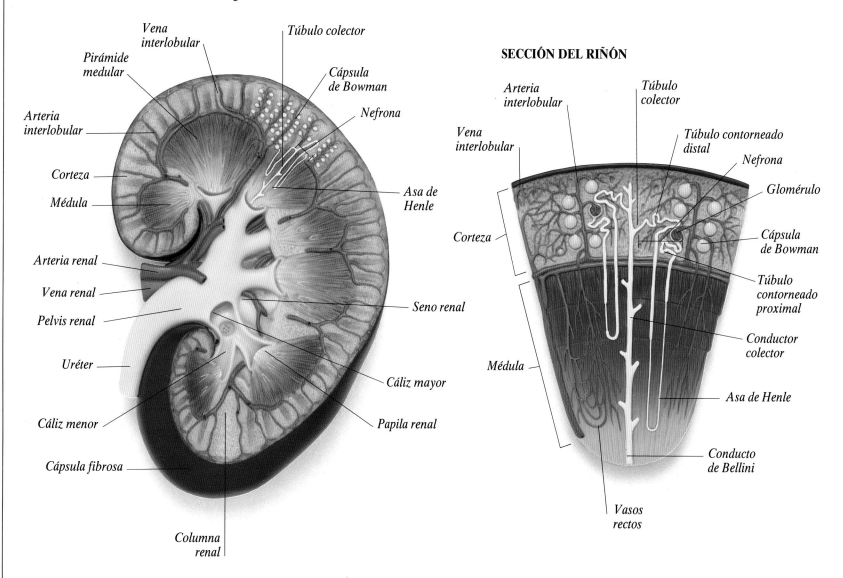

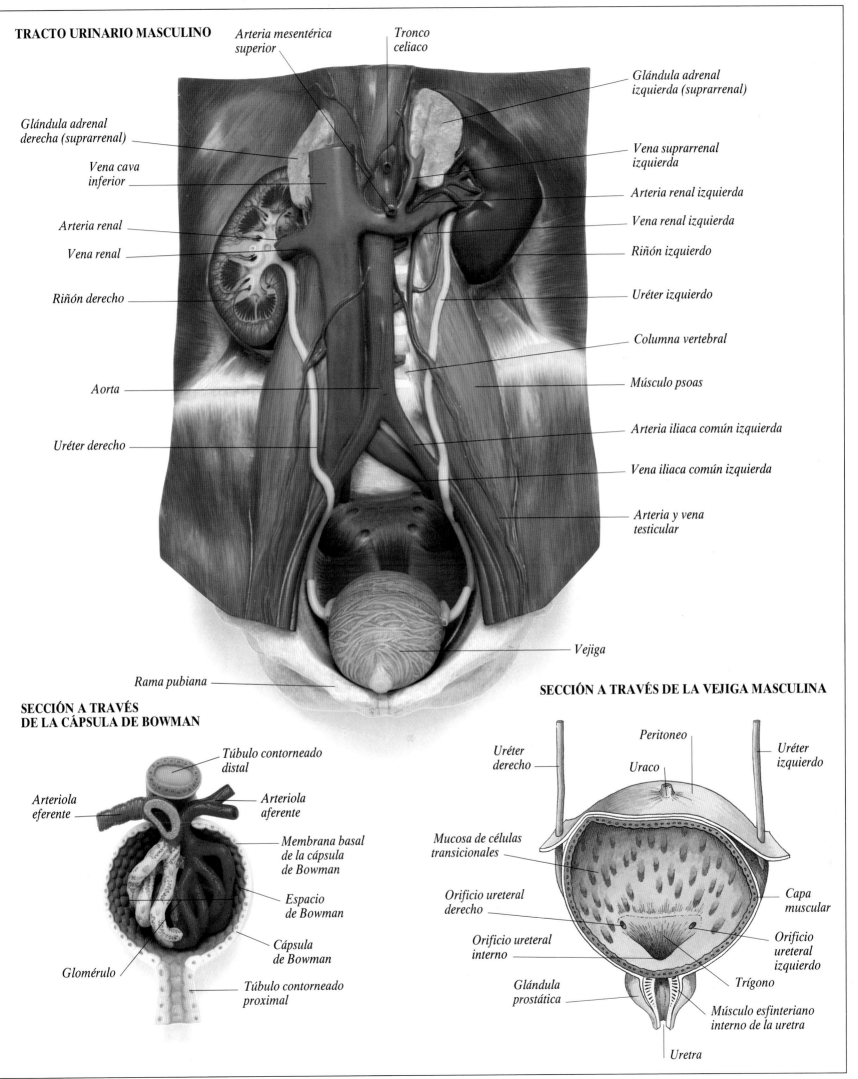

TRACTO URINARIO MASCULINO

Arteria mesentérica superior

Tronco celiaco

Glándula adrenal izquierda (suprarrenal)

Glándula adrenal derecha (suprarrenal)

Vena cava inferior

Vena suprarrenal izquierda

Arteria renal izquierda

Arteria renal

Vena renal izquierda

Vena renal

Riñón izquierdo

Riñón derecho

Uréter izquierdo

Columna vertebral

Músculo psoas

Aorta

Arteria iliaca común izquierda

Uréter derecho

Vena iliaca común izquierda

Arteria y vena testicular

Vejiga

Rama pubiana

SECCIÓN A TRAVÉS DE LA CÁPSULA DE BOWMAN

Túbulo contorneado distal

Arteriola eferente

Arteriola aferente

Membrana basal de la cápsula de Bowman

Espacio de Bowman

Cápsula de Bowman

Glomérulo

Túbulo contorneado proximal

SECCIÓN A TRAVÉS DE LA VEJIGA MASCULINA

Uréter derecho

Peritoneo

Uraco

Uréter izquierdo

Mucosa de células transicionales

Orificio ureteral derecho

Capa muscular

Orificio ureteral interno

Orificio ureteral izquierdo

Glándula prostática

Trígono

Músculo esfinteriano interno de la uretra

Uretra

Aparato reproductor

LOS ÓRGANOS SEXUALES SITUADOS EN LA PELVIS son capaces de crear nuevas vidas humanas. Cada mes, un huevo maduro es liberado de uno de los ovarios femeninos hacia la trompa de Falopio, desembocando en el útero (matriz), que es un órgano muscular en forma de pera. El hombre produce diminutos espermatozoides móviles en dos glándulas ovoideas llamadas testículos. Cuando el hombre está dispuesto, millones de espermatozoides pasan vehiculados por el semen a la vagina, a través del pene en erección. Los espermatozoides atraviesan la vagina y el útero. Uno de ellos podrá entrar en el huevo y fertilizarlo. El huevo fertilizado se implantará en la pared interna del útero y comenzará a crecer, transformándose en un nuevo ser humano.

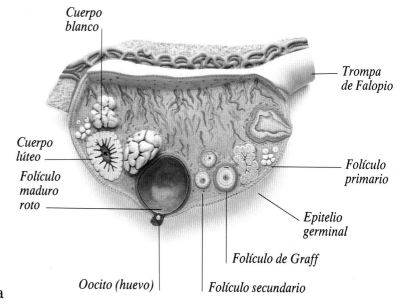

Cuerpo blanco

Trompa de Falopio

Cuerpo lúteo

Folículo maduro roto

Folículo primario

Epitelio germinal

Folículo de Graff

Oocito (huevo)

Folículo secundario

SECCIÓN A TRAVÉS DE LA REGIÓN PÉLVICA FEMENINA

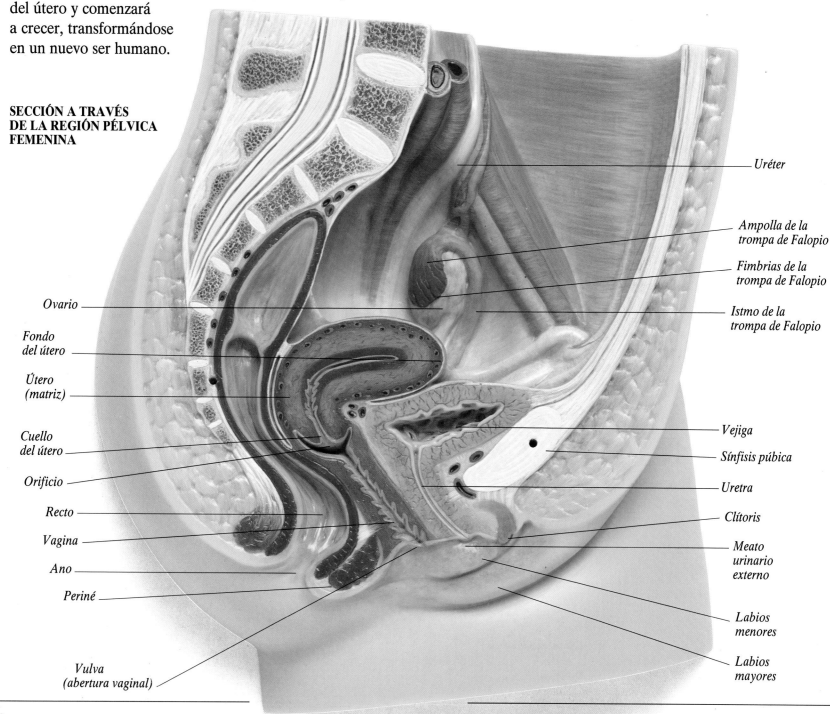

Ovario

Fondo del útero

Útero (matriz)

Cuello del útero

Orificio

Recto

Vagina

Ano

Periné

Vulva (abertura vaginal)

Uréter

Ampolla de la trompa de Falopio

Fimbrias de la trompa de Falopio

Istmo de la trompa de Falopio

Vejiga

Sínfisis púbica

Uretra

Clítoris

Meato urinario externo

Labios menores

Labios mayores

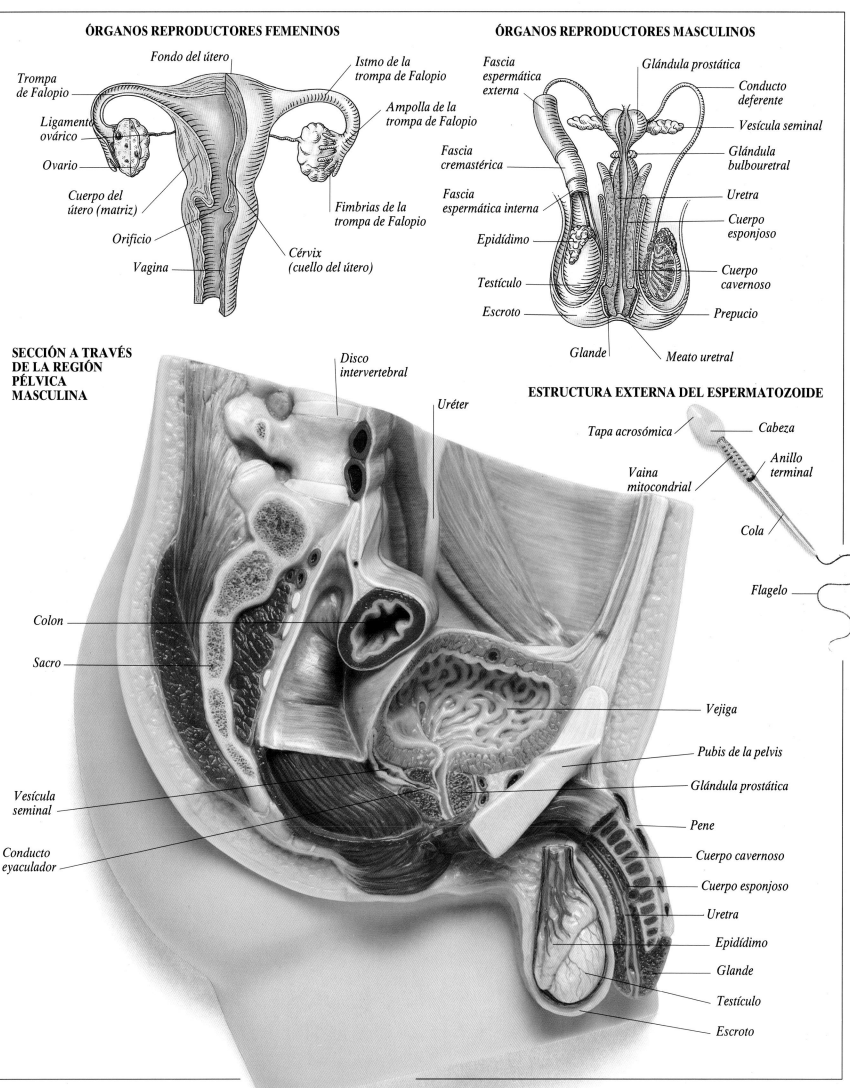

ÓRGANOS REPRODUCTORES FEMENINOS

Fondo del útero

Trompa de Falopio

Istmo de la trompa de Falopio

Ligamento ovárico

Ampolla de la trompa de Falopio

Ovario

Cuerpo del útero (matriz)

Fimbrias de la trompa de Falopio

Orificio

Cérvix (cuello del útero)

Vagina

ÓRGANOS REPRODUCTORES MASCULINOS

Fascia espermática externa

Glándula prostática

Conducto deferente

Vesícula seminal

Fascia cremastérica

Glándula bulbouretral

Fascia espermática interna

Uretra

Epidídimo

Cuerpo esponjoso

Testículo

Cuerpo cavernoso

Escroto

Prepucio

Glande

Meato uretral

SECCIÓN A TRAVÉS DE LA REGIÓN PÉLVICA MASCULINA

Disco intervertebral

Uréter

ESTRUCTURA EXTERNA DEL ESPERMATOZOIDE

Tapa acrosómica

Cabeza

Vaina mitocondrial

Anillo terminal

Cola

Flagelo

Colon

Sacro

Vejiga

Pubis de la pelvis

Glándula prostática

Vesícula seminal

Pene

Cuerpo cavernoso

Conducto eyaculador

Cuerpo esponjoso

Uretra

Epidídimo

Glande

Testículo

Escroto

57

Desarrollo de un bebé

UN HUEVO FERTILIZADO ES ALIMENTADO Y PROTEGIDO al tiempo que se desarrolla como embrión y después como feto durante las 40 semanas de gestación. La placenta, una masa de vasos sanguíneos implantada en el interior del útero, proporciona alimento y oxígeno, y retira los desechos a través del cordón umbilical. Entretanto, el feto se encuentra alojado confortablemente en su saco amniótico, una bolsa de fluido que le protege contra sacudidas bruscas. En las últimas semanas de gestación, el feto, que ha crecido muy rápidamente, gira cabeza abajo: ya es un bebé listo para nacer.

EMBRIÓN DE CINCO SEMANAS

Oído rudimentario

Ojo rudimentario

Boca rudimentaria

Esbozo de cola

Esbozo de pierna

Vértebra rudimentaria

Protuberancia del corazón (esbozo cardiaco)

Esbozo de brazo

Hígado rudimentario

Líquido amniótico

Ombligo

Pared uterina

Feto

SECCIÓN A TRAVÉS DE LA PLACENTA

Cordón umbilical

Vena umbilical

Arteria umbilical

Vasos sanguíneos fetales

Amnios

Corion

Trofoblasto

Vellosidades coriónicas

Placa coriónica

Lago de sangre materna

Tabique

Placa decidual

Vaso de sangre materna

Miometrio

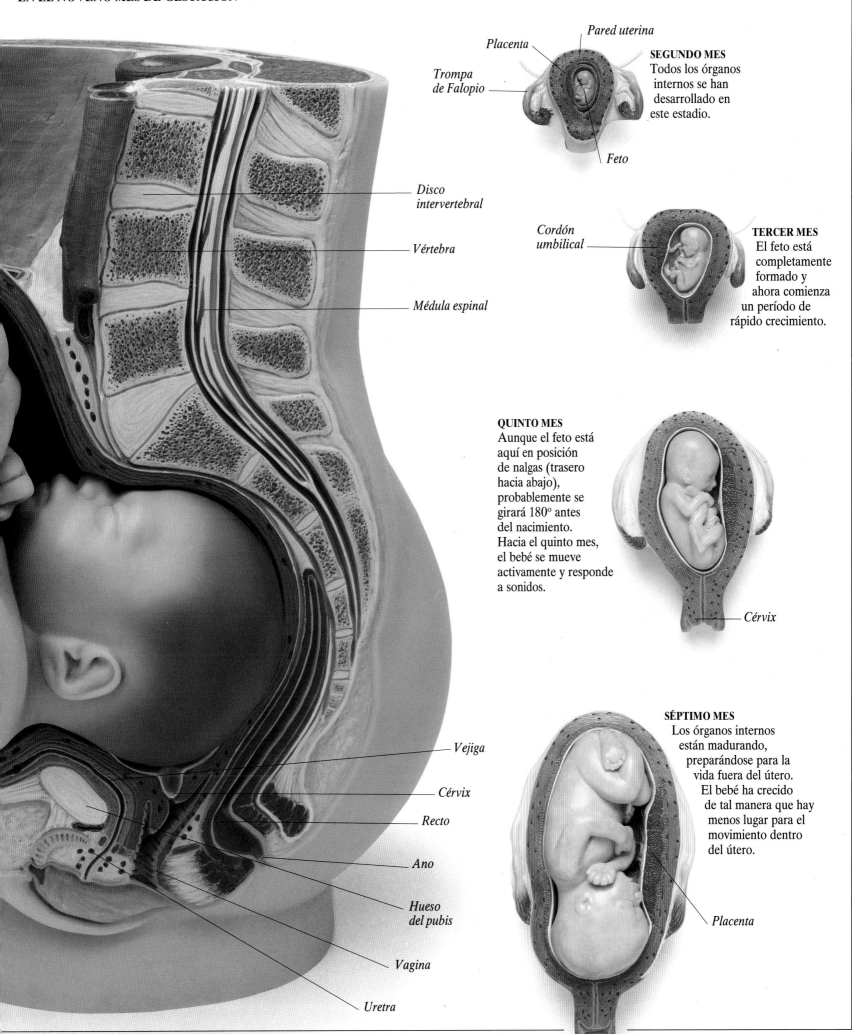

SECCIÓN A TRAVÉS DE LA PELVIS EN EL NOVENO MES DE GESTACIÓN

EL FETO EN DESARROLLO

Pared uterina

Placenta

Trompa de Falopio

SEGUNDO MES
Todos los órganos internos se han desarrollado en este estadio.

Feto

Disco intervertebral

Vértebra

Médula espinal

Cordón umbilical

TERCER MES
El feto está completamente formado y ahora comienza un período de rápido crecimiento.

QUINTO MES
Aunque el feto está aquí en posición de nalgas (trasero hacia abajo), probablemente se girará 180º antes del nacimiento. Hacia el quinto mes, el bebé se mueve activamente y responde a sonidos.

Cérvix

Vejiga

Cérvix

Recto

SÉPTIMO MES
Los órganos internos están madurando, preparándose para la vida fuera del útero. El bebé ha crecido de tal manera que hay menos lugar para el movimiento dentro del útero.

Ano

Hueso del pubis

Placenta

Vagina

Uretra

Índice

Agradecimientos

Dorling Kindersley desea mostrar su agradecimiento a:
Derek Edwards y Dr. Martin Collins, British School of Osteopathy, Dr. M. E. C. Hutchinson, Department of Anatomy, United Medical and Dental Schools of Guy's, St. Thomas' Hospitals, Barry O'Rorke (Bodyline Agency) y Pauline Swaine (MOT Model Agency)

Ayuda adicional en la edición:
Susan Bosanko, Candace Burch, Deirdre Clark, Paul Docherty, Edwina Johnson, David Lambert, Gail Lawther, Dr. Robert Youngson

Modelos complementarios:
Bodyline, Donkin Models, Gordon Models, Morrison Frederick

Fotografía adicional:
Dave Rudkin

Ilustradores:
Simone End, Roy Flooks, David Gardner, Mick Gillah, Dave Hopkins, Linden Artists, John Woodcock

Índice:
Dr. Robert Youngson

Créditos de las ilustraciones:
s=superior, c=centro, i=inferior, iz=izquierda, d=derecha
Biophoto Associates: págs. 13cs, cdc, 24cic, cic, 26sd, KeyMed Ltd.: 44iiz, 45iiz, iciz
Dr. D. N. Landon (Institute of Neurology): 24iiz, id Life Science Images (Ron Boardman): 40iiz, id, National Medical Slide Bank: 13cd
Science Photo Library: 10idc, 32; Michael Abbey: 21s;

Agfa: cubierta cs, 16siz; Biophoto Associates: 13cdi; Dr. Jeremy Burgess: 32iciz; CNRI: 10csiz, ciz, c, cd, iiz, cizi, cdi, iizc, id, 13ci, 31icd, 34siz, 45icd, 51sd, cds, 54siz; Dr. Brian Eyden: 24cid; Professor C. Ferlaud: 41ciiz; Simon Fraser: 10iciz; Eric Grave: 13id; Jan Hinsch: 21sc; Manfred Kage: 13c, 31id, 33i; Astrid y Hans-Freider Michler: 13sd; NIBSC: 51id; Omikron: 40ic; David Scharf: 31iiz; Dr. Klaus Schiller: 44iciz, icd, id; Secchi-Lecaque/Roussel-UCLAF/CNRI: 13sc, 51cdi; Stammers/Thompson: 26siz; Sheila Terry: 30siz; Dr. Christopher B. Williams (St. Mark's Hospital): 45id; Dr. Robert Youngson: 37cd
Zefa: 13ic; H. Sochurek: cubierta ci, 6siz, 10ci, icd, 48siz, 52siz

Documentalista gráfica:
Sandra Schneider